via reise tour

Klaus Scheddel (Herausgeber)

55 faszinierende Ausflugsziele rund um Berlin

die man in 99 Minuten erreichen kann

Schnell mal raus ins Grüne

Durchatmen in der schönen Umgebung Berlins

Der schöne Tag in der Mark

Beglückende Ausflugsziele in Brandenburg

Inspiration tanken

Wunderbare Orte, höchstens 99 Minuten von Berlin entfernt

Über einem grünen Blätterdach wandelt man in Beelitz auf dem Baumkronenpfad

Das Glück des Ausflugs

Sich eine kleine Auszeit gönnen, Routinen und Verpflichtungen entkommen, einfach mal raus, frische Luft schnappen! So ein kleiner spontaner Ausflug tut bisweilen gut. Dabei entdeckt man nicht nur schöne Orte, sondern erlebt auch sich selbst ganz anders, tankt neue Energie und Inspiration.

Oft reicht sogar ein kurzer Trip an den Rand der Metropole. Denn Berlin und seine Umgebung sind grün! Bereits am Stadtrand gibt es jede Menge zu entdecken. Große Waldgebiete, Seen und viele idyllische Orte sind in wenigen Minuten erreichbar.

Wer etwas mehr Abstand von Berlin braucht, findet gleich hinter der Stadtgrenze in Brandenburg ein einzigartiges Ausflugsland. Weite Landschaften, Seen, Schlösser, alte Städte – wunderbare Orte zum Entspannen.

Und wenn es noch mehr Abwechslung sein soll, muss man nur ein klein wenig weiter fahren: In den Nationalpark an der Müritz. Zum besten Zoo Deutschlands in Leipzig. Zur Wiege der modernen Architektur in Dessau.

Alle diese Orte lassen sich in weniger als 99 Minuten erreichen, jedenfalls wenn man die Bahn als Verkehrsmittel wählt. Die angegebenen Entfernungen und Fahrzeiten wurden, wenn nicht anders angegeben, ab Berlin Hauptbahnhof gemessen.

Zur besseren Übersicht haben wir die Ausflugsziele in drei Kapitel aufgeteilt:

Kapitel 1: Berliner Stadtrand und Umland: Diese Ausflugsorte sind fast alle schnell und preisgünstig mit der S-Bahn zu erreichen und deshalb ideal für einen Halbtagesausflug. Darunter wunderbare Orte in Potsdam, der Höhenwanderweg im Grunewald, eine Malervilla am Wannsee und ein verwunschener Erlenbruch in Birkenwerder.

Kapitel 2: Ausflugsziele in der weiteren Umgebung in Brandenburg: Hier warten unter anderem ein Baumkronenpfad in Beelitz, ein Flugzeugmuseum in Borkheide, versteckte Waldseen, eine erhabene Klosterruine, ein gigantisches Schiffshebewerk, königliche Schlösser und Gärten und vieles mehr. Die Ausflugsorte in diesem wunderschönen Land sind auch gut und schnell per Bahn erreichbar, es gilt VBB-Tarif. Perfekt für einen Tag im Grünen.

Kapitel 3: Tolle Ausflugsziele weiter draußen, zu denen man schnell mit ICE- und IC-Zügen kommt. Oft kann man mit Spartickets günstig fahren. Bei einem Ort haben wir die 99-Minutengrenze überschritten: Erfurt. Die Stadt ist einfach zu schön, um sie hier nicht zu beschreiben. Mit der Bahn ist man in 107 Minuten dort.

Schnell mal raus ins Grüne

Durchatmen in der schönen Umgebung Berlins

1 Birkenwerder

Auf Bohlenwegen durchs Briesetal

Das Briesetal ist eines der reizvollsten Bachtäler in Brandenburg. Sein südliches Ende liegt in Birkenwerder, also gefühlt gleich hinter der Berliner Stadtgrenze. Man kann das Bachtal in ganzer Länge durchwandern, zum Beispiel bis Zühlsdorf (12 Kilometer). Oder zunächst einmal, quasi zum Eingewöhnen, in Birkenwerder kreuz und quer über spektakuläre Bohlenwege zum Weiler Briese wandern.

Der erste Bohlenweg beginnt schon mitten in Birkenwerder, zu erreichen über den Mönchseesteig. Nach wenigen Metern beginnt ein Bohlenweg, der am Rand des Gewässers entlangführt – ein erster Eindruck von der Bachtallandschaft, die Birkenwerder umgibt. Der Mönchsee wurde im 19. Jahrhundert als künstlicher See angelegt, um den Briesefluss zu regulieren. Er diente als eine Art Stausee für eine Mühle, die heute nicht mehr existiert. Im Sommer ist er oft von Wasserlinsen überwuchert und erscheint als glatte, grüne Fläche.

Der zweite Bohlenweg durch das Briesetal beginnt bald oberhalb des Boddensees, unweit des gleichnamigen Restaurants, und führt durch das äußere Bachtal zur Wensickendorfer Straße. Dort rechts eingebogen und ungefähr einen Kilometer immer geradeaus in den Wald gelaufen, zweigt rechts der spektakulärste Bohlenweg ab: Der Briesetaler Steig, manchmal auch nur Bohlenweg über die Briese genannt, führt durch eine märchenhafte Feuchtlandschaft ins Innere des Briesetals. Der Steg schlängelt sich durch einen im Wasser stehenden Erlenbruchwald durch urwaldarti-

Bahn

- S-Bahnhof Birkenwerder
- S-Bahn alle 10–20 Min. (ab Berlin Friedrichstraße 35 Min.)

Auto

- 28 km, ca. 40 Min.

Nicht verpassen

- Über Bohlenwege kreuz und quer das Briesetal erkunden
- Den Boddensee in Birkenwerder umrunden
- Die märchenhafte Landschaft auf dem Briesetaler Steig erleben

Im schönen Briesetal fühlen sich auch Enten wohl

ges, sumpfiges Gelände. Mit Moos bewachsene Bäume schimmern in vielen Farbtönen, die grün überwucherte Wasseroberfläche, aus der Totholz herausragt, wirkt geheimnisvoll. Auf Plattformen kann man innehalten und staunen. Vom Ende des Briesetaler Steigs geht es dann weiter durch den Wald zur winzigen Waldsiedlung Briese. Mit etwas Glück hat dort der urige Biergarten *Briesekrug* geöffnet.

Danach kann es weitergehen mit dem Naturerlebnis: In der Waldschule gibt es unter anderem eine nachgebildete Wanderdüne, einen großen Teich und einen Biberbau, durch den kleine Kinder kriechen können. Die Besucher erfahren viel Wissenswertes über Vegetation und Forstwirtschaft, über Bienen und andere Insekten.

Der Waldschule schräg gegenüber liegt *Mini Monkey*, ein Klettergarten nur für kleinere Kinder: Auf einem Parcours in maximal 1,50 Meter Höhe können 22 verschiedene Hindernisse mal springend, mal balancierend oder kriechend überwunden werden.

Für den Rückweg bei Badewetter: Nördlich von Briese findet sich an einer Waldlichtung eine kleine, lauschige Badestelle am Briesesee.

Der Briesetaler Steig führt durch eine faszinierende Feuchtlandschaft

Waldschule Briesetal

Natur erleben und verstehen: In der Waldschule kann man unter anderem eine nachgebildete Wanderdüne erkunden und das Leben in einem großen Teich erforschen. Kinder dürfen durch einen Biberbau kriechen. Man erfährt viel Wissenswertes über die Pflanzenwelt und die Forstwirtschaft, über Bienen und andere Insekten.
Mo–Fr 8–15 Uhr (ganzjährig), So 12–17 Uhr (Apr.–Okt.) geöffnet.

Briese 13 |
16547 Birkenwerder |
www.waldschule-briesetal.de

Briesekrug

In dem urigen Biergarten im Ortsteil Briese gibt es Getränke, Eis und kleine Speisen wie Currywurst, manchmal auch Raffinierteres. Guter Anlaufpunkt nach einer Wanderung durchs Briesetal.
Apr–Okt. Sa/So/Fei 11 bis 18 Uhr geöffnet.

Briese 4 |
16547 Birkenwerder |
www.briesekrug.de

2 Caputh
Kleines Paradies

Für Albert Einstein war es ein paradiesischer Rückzugsort: sein schlichtes Sommerhaus in den Hügeln über dem einstigen Schifferdorf Caputh. Hier erholte sich der Physiker von den Verpflichtungen in Berlin und entwickelte an einem winzigen Schreibtisch seine Theorien zu einer friedlicheren Weltordnung.

Einsteins Sommerhaus zu Füßen liegt das schmucke Dorf Caputh, eingebettet in die herrliche Landschaft der Havelseen. Highlight ist das frühbarocke Schloss mit seinem Park am Wasser. Es wurde 1662 vom Großen Kurfürsten Friedrich Wilhelm als Landsitz für seine zweite Ehefrau Dorothea errichtet. Heute kann man im Schloss die höfische Wohnkultur um 1700 bestaunen. Prächtige Decken- und Wandgemälde schmücken die Räume, Kunstwerke wie Lackmöbel, Porzellane, Fayencen, Skulpturen und über 100 Gemälde werden ausgestellt. Eine echte Besonderheit ist der mit 7 500 holländischen Fliesen gekachelte Sommerspeisesaal im Souterrain.

Caputher Gemünde nennt man die Wasserverbindung zwischen Havel und Schwielowsee. Hier lässt es sich entspannt entlangpromenieren. Auch die Seilfähre *Tussy* legt hier ab, die seit über 160 Jahren Fußgänger, Radfahrer und Autos ans gegenüberliegende Geltower Ufer mit seinen Obstplantagen schippert. Ebenfalls auf Geltower Seite, aber für Fußgänger und Radfahrer gut über die Eisenbahnbrücke zu erreichen, liegt das wunderbare Seebad Caputh am Schwielowsee. Herrlicher Sandstrand, ein flaches Ufer und eine Strandbar mit Palmen vermitteln hier im Sommer Karibik-Feeling.

Bahn

- Bahnhof Caputh-Schwielowsee
- RB alle 60 Min. ab Potsdam Hbf (Fahrzeit ab Berlin Hbf mit Umsteigen in Potsdam ca. 55 Min.)

Auto

- 48 km, ca. 50 Min.

Nicht verpassen

- Einsteins Sommerhaus bestaunen
- Mit der Seilfähre ins Obstparadies gleiten
- Einem Konzert im Schloss Caputh lauschen
- Baden im Schwielowsee

Der Schwielowsee zählt zu den schönsten Seen der Havelregion

Schloss Caputh ist ein barockes Kleinod

3 Erkner

Wälder, Villen, Wasser

Die Kleinstadt Erkner liegt malerisch zwischen Wald und Gewässern. Einst zählte der Ort vor den Toren der Hauptstadt zu den Nobeladressen für betuchte und großstadtmüde Berliner. Dieser Ruf ging in der DDR-Zeit etwas verloren, doch heute strahlt Erkner in neuem Glanz.

Zwar stehen in der Friedrichstraße auch etliche Profanbauten aus DDR- und Nachwendezeit, doch dazwischen blitzen wie Perlen hübsche Gründerzeitvillen auf. So wie das leuchtend rote Rathaus, das einst der Sommersitz des Klavierfabrikanten Bechstein war. Dahinter, im einstigen Park des Anwesens, dehnt sich heute der Rathauspark bis hinunter zum Ufer des Dämeritzsees aus.

Dem Rathaus schräg gegenüber, an der Ecke Wollankstraße, erinnert eine Postmeilensäule daran, dass Erkner in alter Zeit eine bedeutende Raststation für den Kutschverkehr zwischen Frankfurt/Oder und Berlin war. Hier wurden Pferde und Menschen fit gemacht für die oft beschwerliche Weiterreise.

Wer etwas über das Leben im 19. Jahrhundert in Erkner wissen möchte, erfährt dies in der gelben Gründerzeitvilla des Gerhart-Hauptmann-Museums. Der Schriftsteller und Nobelpreisträger lebte hier einige Jahre. Heute kann man dort nicht nur die Gemächer besichtigen, sondern auch in Hauptmanns Beschreibungen des nachbarschaftlichen Lebens in Erkner hineinlesen.

Nicht weit vom Museum entfernt, am Löcknitzidyll, gelangt man ins romantische Löcknitztal, das sich durch Feuchtgebiete und Erlenwälder schlängelt – Naturerlebnis pur.

Bahn

- S-Bahnhof Erkner
- S-Bahn alle 10–20 Min. (ab Berlin Hbf 45 Min.)
- RE alle 30 Min. (ab Berlin Hbf 32 Min.)

Auto

- 35 km, ca. 60 Min.

Nicht verpassen

- Durch den Rathauspark am Dämeritzsee schlendern
- Gerhart Hauptmanns Wohnsitz besichtigen
- Durch das wundervolle Löcknitztal wandern
- Am Dünenstrand des Flakensees ins Wasser springen

Am Flakensee gibt es einen tollen Dünenstrand

Im Gerhart-Hauptmann-Museum erfährt man Spannendes über den Schriftsteller

4 Friedrichshagen

Am Meer des Ostens

Weit schweift der Blick über das Wasser. Auf der anderen Seite des riesigen Sees zeichnen sich bewaldete Hügel ab. Und mittendrauf ein Aussichtsturm.

Um diesen urlaubsträchtigen Ausblick zu genießen, muss man nicht weit fahren – nur mit der S-Bahn bis Friedrichshagen. Von dort spaziert man auf einem der schönsten vorstädtischen Boulevards der Stadt, der Bölschestraße, Richtung Müggelsee. Am Markplatz passiert man das Bronzestandbild Friedrichs II. Der Preußenkönig ließ das Kolonistendorf 1753 gründen. Vorbei an der Christophoruskirche stößt man am Ende der Straße auf die ehemalige Berliner-Bürgerbräu-Brauerei. Gleich links dahinter, am Müggelpark, beginnt der Große Müggelsee. Mit 7,4 Quadratkilometern ist er der größte See Berlins.

Im Müggelpark hat man die Wahl: Entweder durch den Tunnel gehen und die grüne Südseite des Sees mit kleinen Badestellen erkunden. Etwas weiter entfernt lassen sich hier große Ausflugslokale ansteuern. Oder auf der Nordseite bleiben und vielleicht eines der beiden Strandbäder kennenlernen: Das kleine, feine (eintrittspflichtige) Seebad Friedrichshagen, wo man auch Tret- oder Ruderboote ausleihen kann. Oder, einen größeren Spaziergang entfernt, das legendäre, frei zugängliche Strandbad Müggelsee. Dort, in einer weiten, von Wald eingerahmten Bucht, hat nicht nur der breite Sandstrand Ostseeformat, sondern auch die lange Promenade, die sich über den ganzen Strandbadbereich zieht. So fühlt sich der Ausflug an den Müggelsee fast so an wie ein Tag am Meer.

Bahn

- S-Bahnhof Friedrichshagen
- S-Bahn alle 10 Min. (ab Berlin Hbf 34 Min.)

Auto

- 32 km, ca. 55 Min.

Nicht verpassen

- Über die Bölschestraße zum Müggelpark spazieren
- Das Seebad Friedrichshagen – Mit Stil am Strand *www.seebad-friedrichshagen.de*
- Das Strandbad Müggelsee – Viel Platz am langen Sandstrand

Badestelle am Großen Müggelsee

5 Grunewald

Ökowerk & Teufelssee

Am S-Bahnhof Grunewald beginnt eine andere Welt. Zugegeben, zunächst muss man noch durch den etwas finsteren Tunnel unter der AVUS hindurch. Doch dann betritt man den großen, tiefen Grunewald. Zunächst führen noch breite Wege in die Tiefe des Forstes. Der breiteste, diagonal verlaufende Weg führt an einer riesigen, 25 Meter tiefen Sandgrube vorbei. Sie entstand aus einer ehemaligen Kiesgrube. Heute kann man hier schön picknicken oder einfach herumtollen.

Tiefer im Wald verzweigen sich die Wege. Halb rechts schimmert der idyllische Teufelssee durchs Geäst, im Sommer ein Refugium von Anhängern des hüllenlosen Badens. Am See rechts abgebogen, zeigt ein Wegweiser Richtung Ökowerk. Bald führt links ein unscheinbares Tor auf ein paradiesisch bewachsenes Gelände. Nicht zu übersehen ist das rote Backsteingebäude, das mit seinem markanten Schornstein aus dem Grün hervorsticht. Das Gebäude war bis 1969 ein Wasserwerk und sollte eigentlich abgerissen werden, was eine Umweltinitiative zum Glück verhindern konnte.

Denn auf dem Gelände des alten Wasserwerks ist mit dem Ökowerk mitten im Wald ein ganz besonderer Ort entstanden. So kann man im Infozentrum WASSERLEBEN viel Spannendes über das nasse Element erfahren. In Themengärten wird gezeigt, wie naturnahes Gärtnern aussieht. Auf einem Barfußgang lernt man verschiedene Waldböden kennen und in Workshops kann man allerhand tolle Dinge über das Leben im Wald erfahren.

Bahn

- S-Bahnhof Grunewald
- S-Bahn alle 10 Min. (ab Berlin Hbf 15 Min.)
  und zwei Kilometer zu Fuß oder per Fahrrad durch den Grunewald

Auto

- 11 km, ca. 30 Min.

Ökowerk e. V.

Geöffnet fast ganzjährig Mi–So.
Im Bistro des Ökowerks (Fr–So jeweils nachmittags) werden kleine Leckereien angeboten wie Vollkornkuchen, Bio-Eis und Vollkornpizza.

Teufelsseechaussee 22 | 14193 Berlin | Tel. (030) 3 00 00 50 | www.oekowerk.de

Das Ökowerk ist in einem ehemaligen Wasserwerk untergebracht

Der Teufelssee ist ein beliebter Badesee

6

Grunewald Havelhöhenweg

Auf & ab im Grunewald

Die spektakulärste Wanderung, die man im Grunewald unternehmen kann, ist die auf dem Havelhöhenweg. Der Weg führt größtenteils im Wald an der Steilküste zur Havel entlang, immer wieder bieten sich wunderbare Ausblicke auf das Wasser. Am Wegesrand liegen versteckte Sehenswürdigkeiten und ein Biergarten.

Ein guter Startpunkt für die Wanderung ist der S-Bahnhof Nikolassee. Von hier weisen Schilder zum Badeweg, der zum Strandbad Wannsee führt. Mit seinem mehr als einem Kilometer langen Strand und den weitläufigen Promenadengebäuden im Bauhausstil ist es eines der größten Binnenseebäder Europas. Am Waldweg hinter dem Strandbad zeigt ein Schild den Beginn des Havelhöhenwegs an. Ab jetzt folgt man der blau-gelb-grünen Wegmarkierung. Nach etwa einem Kilometer kreuzt der Wannseebadweg, der links zur Insel Schwanenwerder führt. Ein Abstecher auf die über eine Brücke mit dem Festland verbundene Insel lohnt sich. Hier stehen herrschaftliche Villen auf Seegrundstücken, die direkt ans Wasser grenzen.

Geht man ca. 200 Meter auf der Inselstraße, erreicht man den einzigen öffentlichen Aussichtspunkt des Eilands. Neben dem tollen Blick auf Havel und Grunewald kann man hier auch ein Fragment des ehemaligen Tuilerien-Schlosses in Paris bestaunen. Das königliche Palais wurde bei den Kommuneaufständen 1871 zerstört, das Ruinenteil ließ der Gründer der Villenkolonie auf Schwanenwerder aufstellen.

Bahn

- S-Bahnhof Nikolassee
- S-Bahn alle 10 Min. (23 Min. ab Berlin Hbf)
- Rückfahrt: Grunewaldturm, Bus 218

Auto

- 16 km, ca. 30 Min.

★ Havelhöhenweg

Der Havelhöhenweg ist insgesamt 10 km lang. Vom S-Bahnhof Nikolassee beträgt die hier beschriebene Strecke auf dem südlichen Abschnitt bis zum Grunewaldturm ca. 9 km. Dafür sollte man inklusive eines kleinen Abstechers nach Schwanenwerder mit 3 Stunden Wanderzeit rechnen.

Am Fuß des Grunewaldturms liegt ein schöner Biergarten

Der Havelhöhenweg zieht sich als schmaler Pfad durch die Havelberge

Zurück im Wald führt ein Treppensteig hinauf zum Steilufer der Havel. Ab jetzt geht es auf und ab durch herrlichen Mischwald, ab und zu blitzen die Havel und bald die Insel Lindwerder durchs Geäst. Selten trifft man andere Wanderer. Später führt die Route ein kleines Stück die Havelchaussee entlang, um dann wieder in den Wald hügelaufwärts einzubiegen.

Ab der Lieper Bucht mit ihrem schönen Badestrand kann man ein Stück direkt am Havelufer entlangspazieren, bevor es von dort den 78 Meter hohen Karlsberg zu erklimmen gilt. Oben angekommen wartet die ersehnte Rast im Biergarten am Grunewaldturm. Von dem 55 Meter hohen Aussichtsturm selbst, der Ende des 19. Jahrhunderts errichtet wurde, hat man einen herrlichen Panoramablick bis nach Berlin und Potsdam.

Ab Grunewaldturm kann man mit dem Bus 218 zurück in die Stadt fahren oder auf dem Havelhöhenweg Richtung Norden weiterwandern, bis man nach vielen weiteren Aufs und Abs nach 1,5 Stunden zur Heerstraße gelangt.

Die Insel Lindwerder ist nur über eine Fähre zu erreichen

Grunewaldturm

Der repräsentative Aussichtsturm wurde Ende des 19. Jahrhunderts zum Gedenken des 100. Geburtstages von Kaiser Wilhelm I. erbaut. Noch heute steht sein Marmorstandbild in der Halle. Besucher, die die rund 200 Stufen zur überdachten Aussichtsplattform bewältigt haben, befinden sich in 36 Metern Höhe über dem Boden und etwa 86 Meter über dem Wasserspiegel. Weit über die Baumwipfel hinweg schweift der Blick über Havel und Grunewald.
Geöffnet täglich Mai–Sep. 11–20 Uhr, Okt.–Apr. 11–16 Uhr.

Havelchaussee 61 | 14193 Berlin

Bistro und Biergarten Kaisergarten

Das beliebte Ausflugslokal am Grunewaldturm besteht aus einem Bistro und einem Biergarten. Von hier oben hat man durch eine Schneise im Wald einen tollen Blick hinunter auf die Havel. Der Biergarten mit Bänken und Liegestühlen ist im Sommer geöffnet, dann gibt es auch manchmal Live-Musik. Am Büfett werden einfache Speisen von Brezeln über Bratwurst bis Flammkuchen angeboten. Im Bistro werden frische, herzhafte Speisen aus der Region gereicht.

Havelchaussee 61 | 14193 Berlin

Königs Wusterhausen

Auf den Spuren des Soldatenkönigs

Es war des Königs Wusterhausen. Der König, das war Friedrich Wilhelm I., den man später Soldatenkönig nannte. Sein Vater hatte ihm, als er gerade zehn Jahre alt war, ein Schloss in Wusterhausen geschenkt. Als er erwachsen war, zog es den König oft hierher, wo er seiner Jagdleidenschaft frönte und seinen kargen Lebensstil pflegte. Heute kann man in der Schlossanlage aus dem 16. Jahrhundert in die Welt des spartanisch lebenden Soldatenkönigs eintauchen und unter anderem die 40 von ihm selbst gemalten Bilder betrachten.

Vieles, was Friedrich Wilhelm I. einst an Königs Wusterhausen liebte, hat sich bis heute erhalten. Das gilt besonders für die wundervolle Lage der Kleinstadt, die umgeben ist vom gewässer- und waldreichen Dahme-Seengebiet.

Besonders schön ist es rund um den Tiergarten westlich von Königs Wusterhausen. 1725 ließ der Soldatenkönig hier mehrere Gehege für Wild, Fasane und Rebhühner anlegen und nutzte das Waldgebiet fortan als Jagdrevier. Statt der Jäger durchstreifen heute Spaziergänger, Radfahrer und gelegentlich Wildschweine die herrlichen alten Eichen- und Buchenbestände am Ufer des Krimnicksees. An dem See liegt auch das Freibad Neue Mühle: Eine große Liegewiese mit Bäumen, ein Spielplatz mit Klettergerüst und der kleine Sandstrand bieten Entspannung und Erfrischung.

Auf dem Weg Richtung Tiergarten passiert man die Schleuse Neue Mühle. Auch sie entstand zu Zeiten des Soldatenkönigs.

Bahn

- S-Bahnhof Königs Wusterhausen
- S-Bahn alle 20 Min. (ab Berlin Südkreuz 43 Min.)
- RE stündlich (ab Berlin Hbf 34 Min.)

Auto

- 41 km, ca. 45 Min.

Nicht verpassen

- Das Schloss besichtigen
- Durch den Tiergarten spazieren
- An der Schleuse den Booten zuschauen

Im Schloss hielt der König seine Jagdgesellschaften ab

An der Schleuse Neue Mühle geht es zum Krimnicksee

8 Liepnitzsee

Und mittendrin: eine Insel

Türkis funkelndes, klares und kühles Wasser: Ein Ausflug an den Liepnitzsee nördlich von Berlin fühlt sich fast an wie ein Urlaubstag am Meer. Rund um den tief in einem Buchenwald versteckten See findet man schöne Badestellen und ein idyllisches Strandbad. Und mittendrin liegt die Insel Großer Werder, ein Naturparadies, zu dem eine Fähre tuckert.

Ein Geheimtipp ist der Liepnitzsee jedoch schon lange nicht mehr. Allen, die es ruhiger mögen, sei das Südufer empfohlen, wo die Buchen fast bis an die Wasserkante reichen und sich kleine, lauschige Badestellen finden lassen.

Wer etwas mehr Badekomfort sucht, findet diesen im wunderschönen öffentlichen Waldbad mit allem, was dazugehört: große Liegewiesen, Bootsverleih, Volleyballfeld, Imbiss und Bademeister. Die Badegäste können sich in garantiert sauberes, klares Wasser stürzen. Denn der 117 Hektar große See, entstanden wie viele andere im Umkreis in der Weichseleiszeit, wird von Grundwasser gespeist.

Für alle, die nicht schwimmen, sondern trockenen Fußes zur Insel mitten im See gelangen wollen, gibt es *Frieda*. Die kleine Fähre verkehrt in den Sommermonaten sowohl vom Nordufer als auch vom Südufer des Sees zum Großen Werder. Auf der Insel gibt es neben einem Campingplatz und kleinen Badestellen das Gartenlokal *Insulaner Klause*. Dort sitzt man unter Linden und Kastanien, die bald 150 Jahre alt sind. An einem Platz wie diesem lassen sich die Inselträume bestens weiterträumen.

Bahn

- Bahnhof Wandlitzsee
- RB (Heidekrautbahn) alle 60 Min. ab Berlin Karow (Fahrzeit ab Berlin Hbf mit Umsteigen in Karow 51 Min.), dann 2 km zu Fuß bis zum Westufer des Liepnitzsees

Auto

- 41 km, ca. 50 Min.

Gartenlokal *Insulaner Klause*

Die Saison des Gartenlokals auf der Insel Großer Werder beginnt am Donnerstag vor Ostern und endet Ende Oktober. Juni, Juli und August sowie in Wochen mit Feiertagen ist täglich geöffnet. Im April, Mai, September und Oktober ist Freitag bis Sonntag und an allen Sonnentagen geöffnet. *www.liepnitzinsel.de*

Der Liepnitzsee ist für sein sehr klares, sauberes Wasser bekannt

Auf der Insel Großer Werder laden schöne Waldwege zum Spazieren ein

9 Oranienburg

Entspannen im Schlosspark

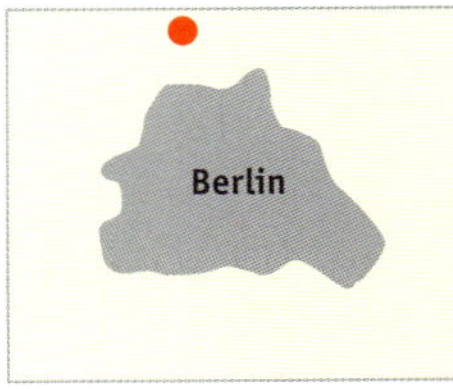

Ein großes, strahlend weißes Barockschloss, dahinter ein weitläufiger Park mit vielen Erlebnismöglichkeiten – wer zum ersten Mal am Schlossplatz in der Altstadt von Oranienburg steht, ist bass erstaunt über diese Pracht.

Schloss Oranienburg wurde 1651 für die Gemahlin des Großen Kurfürsten, Prinzessin Louise Henriette von Oranien, errichtet. Die rührige Prinzessin aus Holland erwies sich bald als Glücksfall für die Region: Sie holte Siedler aus ihrer Heimat in die Mark, die ihr Wissen vom Deichbau, Handwerk und Landwirtschaft und einen Hauch holländischer Lebensart mitbrachten. Ihr zu Ehren wurde 1653 auch das alte Dorf Bötzow in Oranienburg umbenannt. Bis heute wird sie hier verehrt. So heißt die Fußgängerbrücke, die vom Bahnhof über die Havel zum alten Stadtkern führt, Louise-Henriette-Steig.

Das Schloss wurde ab 1689 erweitert und prachtvoll ausgestattet. Im Schlossmuseum kann man wertvolle Porzellankunstwerke, Sitzmöbel aus Elfenbein, eine Serie von Tapisserien, Skulpturen sowie plastische Bildwerke bestaunen. Zur Gemäldesammlung gehören unter anderem Meisterwerke des großen Flamen Anthonis van Dyck. Im Silbergewölbe werden ausgewählte Beispiele königlichen Prunksilbers gezeigt.

Der große Lustgarten westlich des Schlosses Oranienburg wurde – passend zur Heimat von Kurfürstin Louise Henriette – ursprünglich im holländischen Stil angelegt.

Seit der Neugestaltung im Rahmen der Landesgartenschau 2009 lädt der 30 Hektar große Schloss-

Bahn

- S-Bahnhof Oranienburg
- S-Bahn alle 20 Min. (ab Berlin Gesundbrunnen 36 Min.)
- RE stündlich (ab Berlin Gesundbrunnen 21 Min.)

Auto

- 33 km, ca. 40 Min.

Nicht verpassen

- Auf dem Louise-Henriette-Steig die Havel überqueren
- Im Schlosspark flanieren
- Im Schlossmuseum altes Porzellan und holländische Meister bestaunen
- Am Havelufer den Booten zuschauen

Der Schlosspark wurde ursprünglich im holländischen Stil angelegt

Es war ihr Schloss: Prinzessin Louise Henriette von Oranien

park seine Gäste gegen einen kleinen Eintrittspreis zum Flanieren, Entspannen und Erleben ein. Neben dem historischen Park kann man durch unterschiedlich gestaltete Gartenzimmer mit liebevoll angelegten Beeten spazieren. Highlight für Familien ist die weitläufige Spiellandschaft mit einem tollen Wasser- und Matschspielplatz. Ein großes Hüpfkissen, Wippen, Schaukeln, Kletterfelsen sowie ein Spielhaus mit Rutschen stehen bereit. In der Blumenhalle gibt es ein schönes Café mit Gartenplätzen.

Am südlichen Rande des Schlossparks steht die in den Jahren 1754 bis 1757 erbaute Orangerie. Ursprünglich als Winterquartier für exotische Pflanzen konzipiert und im Laufe der Zeit als Pulvermagazin und Pferdestall genutzt, finden in dem Gebäude heute Konzerte und Theateraufführungen statt.

Auch ein Blick in den historischen Ortskern von Oranienburg lohnt sich: Dort überragt die im 16. Jahrhundert im Stil einer frühchristlichen Basilika erbaute Nikolaikirche die kleinen, geduckten Häuser. Erhalten ist auch das ehemalige Waisenhaus in der Havelstraße, das Louise Henriette 1665 gestiftet hat.

Die Terrasse im Schlossrestaurant grenzt direkt an die Havel

Schlossrestaurant
Lieschen & Louise

Das stilvolle Restaurant im Schloss Oranienburg serviert gehobene deutsche und mediterran inspirierte Küche, darunter Fleisch- und Fischgerichte, leichte Vorspeisen oder Kuchen.
Man sitzt entweder in farbenfrohen eingerichteten Innenräumen oder – noch besser – auf der Sommerterrasse direkt an der Havel.

Schloßplatz 1 | 16515 Oranienburg | www.schlossrestaurant-oranienburg.de

Schlosspark

1. Apr.–3. Okt. tgl. 9–18 Uhr,
4. Okt.–31. März tgl. 9–16 Uhr

Schlosspark 1 | 16515 Oranienburg | www.oranienburg-erleben.de

Schlossmuseum

Di–So 10–17.30 Uhr

Schlosspark | 16515 Oranienburg

Die Anklagende

Auf dem Schlossplatz von Oranienburg erhebt sich die Skulptur *Die Anklagende* von Fritz Cremer. Das Mahnmal erinnert mit der Inschrift „Schmerz gebäre Tat" an die beiden Konzentrationslager, die unter der Nazidiktatur bei Oranienburg errichtet wurden.

10

Pfaueninsel

Ein märchenhafter Ausflug

Der romantischste Ort Berlins liegt auf einer Insel in der Havel. Die 1,5 Kilometer lange und 0,5 Kilometer breite Pfaueninsel ist eine perfekte Traumlandschaft mit allerlei fantasievollen Gebäuden und Kulissen. Die Insel steht unter Naturschutz, gehört zum Weltkulturerbe der UNESCO und darf nur tagsüber besucht werden. Nachts gehört das Eiland dann wieder ganz den Pfauen.

Entstanden ist die Pfaueninsel wie wir sie heute kennen ab 1794 unter König Friedrich Wilhelm II. Der kunstsinnige Neffe und Nachfolger Friedrichs des Großen ließ mit ihr ein romantisches Refugium schaffen, das seinesgleichen sucht. Es entstanden die verträumte Landschaft mit einem kleinen weißen Schloss, einem Küchengebäude im holländischen Stil und einer Meierei am Nordzipfel der Insel. Das Schloss wurde in einem romantischen Ruinenstil gebaut. Weitere verspielte Gebäude sind der Fregattenhafen, das Schweizerhaus und das Kavaliershaus.

Der Park wurde von 1821 bis 1834 von Peter Joseph Lenné nach englischem Vorbild gestaltet und mit wertvollen botanischen Gewächsen und Tiergehegen bestückt.

Neben den frei laufenden Pfauen, die der verwunschenen Gartenlandschaft ihren Namen gaben, leben heute auch einige Wasserbüffel auf dem Areal. Die Pfauen trifft man am ehesten auf der großen Wiese im Innern der Insel. Hier gibt es auch ein rustikales Café-Bistro.

Die Pfaueninsel-Fähre fährt ganzjährig in wenigen Minuten vom Festland auf die märchenhafte Insel.

Bahn

- Bahnhof Wannsee
- S-Bahn alle 10 Min., RE mind. alle 30 Min.
  und Bus 218 oder Wanderung (6,3 km, ca. 80 Min.)

Auto

- 30 km, ca. 40 Min.

Nicht verpassen

Ein besonders eindrucksvoller Spaziergang zur Pfaueninselfähre führt von Wannsee durch die Villenkolonie Alsen und entlang der Havel. Dabei passiert man den Jachthafen am Großen Wannsee, die Liebermann-Villa (▸ Seite 56) und das Haus der Wannsee-Konferenz. Vorbei am Löwendenkmal erreicht man den Uferweg an der Havel, der zur Pfaueninselfähre führt.

Das Schloss ließ Friedrich Wilhelm II. als Lustschloss für sich und seine Geliebte errichten

Seit 1842 leben Pfauen auf der Insel

11 Potsdams barocke Innenstadt

Zwischen Stadtschloss & Holländerviertel

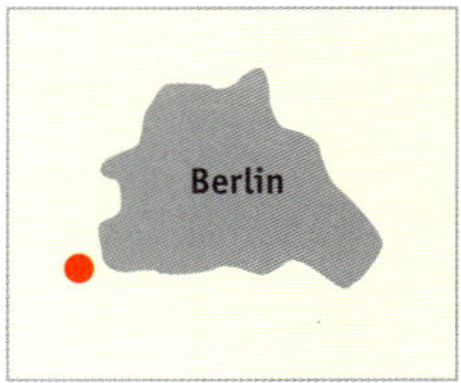

Mit einem Bootsauflug fing es an: Als Brandenburgs Großer Kurfürst Friedrich Wilhelm Mitte des 17. Jahrhunderts über die Havel schipperte, fand er an dem unbedeutenden Marktflecken Potsdam großen Gefallen. Und so beschloss er, an der Mündung von Nuthe und Havel eine Residenz zu errichten. Zu diesem Zweck ließ er 1660 die Reste einer mittelalterlichen Burg, die hier seit dem 13. Jahrhundert stand, abreißen und an ihrer Stelle ein barockes Schloss, das spätere Stadtschloss, erbauen.

Bald darauf legten holländische Ingenieure das sumpfige Gelände in der heutigen Innenstadt trocken. Hier entstand die barocke Handwerkerstadt. Der Große Kurfürst hatte schon damals die Vision, aus der Residenz an der Havel einen „schönen Ort zu machen, der weder in Italien noch in Frankreich seinesgleichen hat". Seine Nachfahren führten die Idee fort. Sie schufen innerhalb von zwei Jahrhunderten die einzigartige Potsdamer Kulturlandschaft, in der Stadt, Schlösser und Gärten auf wunderbarste Weise mit der anmutigen Havellandschaft verwoben wurden.

Bevor es allerdings dazu kam, wurde unter Friedrich Wilhelm I. (1688–1740), dem Soldatenkönig, Potsdam erst einmal zur Garnison ausgebaut. Der Monarch schenkte seinen Untertanen einfache Häuser – mit der Auflage, seinen „Langen Kerls", einem Regiment mit besonders groß gewachsenen Soldaten, darin Unterkunft zu gewähren.

Seinem Sohn und Nachfolger waren diese sogenannten Typenhäuser zu kärglich. Der kunstsinnige

Bahn

- Potsdam Hbf
- S-Bahn alle 10 Min. (ab Berlin Hbf 35 Min.)
- RE alle 30 Min.(ab Berlin Hbf 25 Min.)

Auto

- 33 km, ca. 35 Min.

Nicht verpassen

- Alter Markt mit Stadtschloss, Altem Rathaus, Nicolaikirche und Museum Barberini
- Neuer Markt mit barocken Bürgerhäusern
- Durch die Brandenburger Straße bummeln
- Ins Holländische Viertel eintauchen

Auch Potsdam hat ein Brandenburger Tor

Friedrich II. träumte davon, Potsdam ein repräsentatives Aussehen zu verpassen. So ließ er ganze Straßenzüge nach Vorbildern italienischer Palazzi neu entwerfen.

Bis heute hat sich Potsdam sein heiteres, südländisches Flair bewahrt. In der Innenstadt beherbergen farbenfrohe Altbauten kleine Geschäfte und Cafés. Manche Innenhöfe erinnern an mediterrane Patios. Große und kleine Plätze lockern das strenge Raster des barocken Stadtgrundrisses auf.

Ein perfekter Startpunkt für einen Stadtrundgang durch die barocke Innenstadt ist der Alte Markt, der so etwas wie das (wiederhergestellte) Herz von Potsdam ist. Hier thront das wiederaufgebaute Stadtschloss. Es war 1950 nach Zerstörungen im Zweiten Weltkrieg abgerissen worden. Seit 2014 strahlt das äußerlich dem Original nachempfundene Schloss wieder in neuem Glanz. Im Innern geht es heute aber demokratisch zu: Hier ist der Brandenburger Landtag untergebracht.

Zweites Highlight am Platz ist das private Museum Barberini, ein klassizistisch-barocker Palast, dessen architektonisches Vorbild und Namensgeber der Palazzo Barberini in Rom war. Heute werden hier hoch-

Das Fortunaportal auf dem Alten Markt, gegenüber der Kirche St. Nikolai

karätige Kunstausstellungen gezeigt. Weiter wird der Platz vom Alten Rathaus und der klassizistischen Nikolaikirche eingerahmt.

Schräg gegenüber, südlich des Schlosses, erstreckt sich der ehemalige Lustgarten, der bis ans Havelufer reicht. Oberhalb des Lustgartens fällt der markante Marstall ins Auge, der heute das Filmmuseum beherbergt. Dahinter führt eine kleine Gasse zum pittoresken Neuen Markt mit seinen barocken Bürgerhäusern und dem Kutschstall. In dem 1789 errichteten Gebäude ist das Museum der Brandenburgisch-Preußischen Geschichte untergebracht.

Nördlich davon gelangt man bald zur Potsdamer Einkaufs- und Promenierstraße, der Brandenburger Straße. Sie verläuft zwischen dem Luisenplatz mit dem Brandenburger Tor und dem Bassinplatz mit der St.-Peter-und-Paul-Kirche. Oberhalb des Bassinplatzes beginnt Potsdams schönstes Stadtviertel: das Holländische Viertel mit seinen zierlichen roten Klinkerhäusern mit den weißen Fensterrahmen. Friedrich Wilhelm I. hatte die 150 Häuser ab 1727 für holländische Kolonisten errichten lassen. In dem lebendigen Quartier sind heute Galerien, Cafés und Kunsthandwerker ansässig.

12 Potsdam Neuer Garten

Gartenkunst & Weltgeschichte

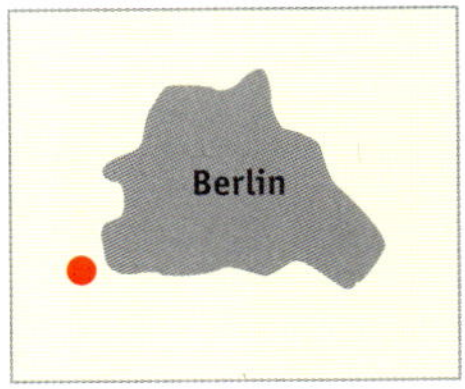

Der Neue Garten in Potsdam ist ein besonderes Juwel in der mit Parks verwöhnten Landeshauptstadt. Hier gibt es architektonische Schmuckstücke der Sonderklasse zu bestaunen wie das Marmorpalais und die Orangerie. Und im Schloss Cecilienhof wurde Weltgeschichte geschrieben.

Der Park, der sich auf das Lieblichste zwischen dem Heiligen See und dem Jungfernsee ausbreitet, wurde 1787 im Stil eines englischen Landschaftsgartens angelegt. Die großzügige Anlage bietet weite Sichten in die Havellandschaft bis hin zur Pfaueninsel.

Betritt man den Neuen Garten an seinem Südzipfel an der Gotischen Bibliothek, hat man einen prächtigen Panoramablick über den Heiligen See und die Parkanlage. Vorbei an holländischen Giebelhäusern gelangt man von hier zur Orangerie mit dem ägyptischen Portal. Oberhalb davon ragt das romantische Marmorpalais in den Heiligen See. Im Neuen Garten verstreut kann man weitere merkwürdige und märchenhaft anmutende Bauwerke entdecken wie eine Muschelgrotte und eine Pyramide.

Auch der letzte Schlossbau der Hohenzollernfürsten liegt im Neuen Garten: Cecilienhof, heute ein Hotel. Das Anwesen im englischen Landhausstil wurde 1917 fertiggestellt. Hier fand im Sommer 1945 die Potsdamer Konferenz der Siegermächte des Zweiten Weltkriegs statt, auf der die Teilung Deutschlands beschlossen wurde. Der Konferenzsaal mit seiner historischen Einrichtung ist erhalten und kann besichtigt werden.

Bahn

- Potsdam Hbf
- S-Bahn alle 10 Min., RE alle 30 Min.
  und Tram 92 oder 96 bis Reiterweg/Alleestraße
  (Fahrzeit insgesamt: 39 Min.)

Auto

- 35 km, ca. 45 Min.

Nicht verpassen

- Das edle Marmorpalais bestaunen
- Im Hotel Cecilienhof den historischen Saal der Potsdamer Konferenz besichtigen
- Im Biergarten der Meierei den Wasserblick genießen

Geschichtsträchtiger Ort: Im Cecilienhof fand die Potsdamer Konferenz statt

Der Biergarten der Meierei liegt direkt am Jungfernsee

13 Potsdam Park Babelsberg

So viel Schönheit

Schaut man vor dem Babelsberger Schloss stehend Richtung Norden hinab Richtung Glienicker Brücke kann man es kaum fassen: ein grandioser Weitblick über die Potsdam-Glienicker Parklandschaft! Nein, das ist kein Zufall: Hier haben sich berühmte Gartenkünstler wie Peter Joseph Lenné und Fürst Hermann von Pückler-Muskau reichlich ausgetobt und ein Gesamtkunstwerk geschaffen.

Und ein solches ist der ganze Park Babelsberg: Das verspielte Schloss im Mittelalterstil, 1835 nach Plänen von Karl Friedrich Schinkel errichtet, liegt eingebettet zwischen weiten, welligen Wiesen und kleinen Wäldchen. Auf dem höchsten Hügel des Parks steht als spektakulärer Aussichtspunkt der Flatowturm von 1853, der dem Eschenheimer Torturm in Frankfurt am Main nachempfunden ist. Unten, nicht weit vom Ufer des Tiefen Sees entfernt, sieht das Kleine Schloss im Tudorstil wie eine Miniaturausgabe des großen Schlosses aus. Wo einst Kronprinz Friedrich Wilhelm wohnte, werden nach der Sanierung wieder köstliche Quiches und Kuchen mit Blick auf das Seeufer serviert.

Unterhalb des Babelsberger Parks, in Richtung des S-Bahnhofs, liegt das Weberviertel. Friedrich II. hatte ab 1750 böhmische Tuchmacher, die wegen ihres evangelischen Glaubens verfolgt wurden, ins Land geholt und hier angesiedelt. Bis heute stehen in den Sträßchen rund um den Weberplatz die typischen eingeschossigen Häuser. Auf den breiten Wiesenstreifen vor den Häusern wurden die Stoffe gebleicht.

Bahn

- S-Bahnhof Babelsberg
- S-Bahn alle 10 Min. (ab Berlin Hbf 33 Min.)
  und 15 Min. Fußweg

Auto

- 34 km, ca. 40 Min.

Nicht verpassen

- Schloss Babelsberg von innen und außen besichtigen
- Den Flatowturm besteigen
- Den Blick auf die Havellandschaft genießen

Majestätisch thront Schloss Babelsberg am Ufer der Havel

14 Potsdam Pfingstberg

Traumhafte Aussichten

Das Belvedere auf dem 76 Meter hohen Potsdamer Pfingstberg ist der romantischste Aussichtspunkt Brandenburgs. Hier liegt einem die ganze Schönheit der Schlösser- und Gärtenlandschaft zu Füßen. Von den beiden Aussichtstürmen blickt man auf Schloss und Park Sanssouci, den Ruinenberg, Schloss Babelsberg, die Pfaueninsel und mehr.

Mit dem bezaubernden Belvedere haben die Architekten Persius, Stüler und Hesse um 1850 ein Stück Italien mit Havelblick geschaffen. Den Anstoß dazu gab Friedrich Wilhelm IV., der ein großer Fan italienischer Architektur war. Der König selbst hatte die ersten Pläne dazu gezeichnet. Zur Anlage gehört auch der Pomonatempel, das erste Bauwerk des preußischen Baumeisters Karl Friedrich Schinkel.

Vor dem Aufstieg auf den Pfingstberg mit seiner mediterranen Bebauung kommt man im alten Russland vorbei. In der Kolonie Alexandrowka unterhalb des Kapellenbergs verteilen sich Holzhäuser mit filigranen Verzierungen über grüne Wiesen und kleine Gärten. Die Siedlung wurde Anfang des 19. Jahrhunderts für die Sänger eines russischen Soldatenchors, die am Hof des Königs auftraten, angelegt. Heute ist in einem der Häuschen ein kleines Museum zur Geschichte der Alexandrowka, in einem anderen eine Teestube untergebracht. Auf dem nächsten Hügel, dem Kapellenberg, thront eine verspielte russisch-orthodoxe Kapelle. Sie wurde 1829 nach Plänen von Schinkel erbaut. Von hier führt ein schmaler Fußweg zum Belvedere auf dem Pfingstberg.

Bahn

- Potsdam Hbf
- S-Bahn alle 10 Min., RE alle 30 Min.
  und Tram 92 oder 96 bis Puschkinallee
  (Fahrzeit insgesamt: 34–44 Min.)

Auto

- 34 km, ca. 40 Min.

Nicht verpassen

- In der russischen Kolonie Alexandrowka Tee trinken
- Die russisch-orthodoxe Kapelle auf dem Kapellenberg besichtigen
- Den fantastischen Weitblick von den Aussichtstürmen des Belvedere genießen

Ort für Weitsicht und Romantik: Das Belvedere auf dem Pfingstberg

15 Potsdam Sanssouci

Garten von Welt

Etliche Eingänge führen zum Park von Sanssouci – der schönste ist für mich der vom Potsdamer Luisenplatz durch das Grüne Gitter. Tritt man hindurch, verlässt man die quirlige Potsdamer Innenstadt und taucht Schritt für Schritt in eine andere Sphäre ein, in die Welt der Schlösser und Gärten von Sanssouci. Vorbei an der Friedenskirche macht der Weg eine Rechtskurve und kurz darauf sieht man unvermittelt die berühmten Weinbergterrassen vor sich, auf denen Schloss Sanssouci thront.

Im Park von Sanssouci verwirklichten preußische Könige über zwei Jahrhunderte ihre wechselnden Träume von einer idealen Landschaft mit Gärten, Schlössern und Pavillons. Bis heute steht der Park von Sanssouci für die romantische, schwärmerische und luxuriöse Seite Preußens. Der junge Fritz, später Friedrich II., „der Große" genannt, ließ 1744 den Weinberg anlegen. Schon ein Jahr später begann der Bau von Schloss Sanssouci. Als Vorbild diente dem Monarchen der prachtvolle Park von Versailles mit seinen geraden Achsen, streng geschnittenen Hecken und Baumreihen. Im 19. Jahrhundert ließ König Friedrich Wilhelm IV. den Park im Stil eines englischen Landschaftsgartens mit Bauwerken im italienischen Stil erweitern.

Park Sanssouci ist mit 290 Hektar sehr groß, und mit seinen Schlössern, Palais und Kunstschätzen zu groß für einen einzigen Ausflug. Immer aufs Neue kann man sich treiben lassen, durch die weite Gartenanlage schlendern und sich von stets wechselnden Eindrücken überraschen lassen.

Bahn

- Potsdam Hbf
- S-Bahn alle 10 Min.,
  RE alle 30 Min.
  und Tram 91 bis Luisenplatz-Süd/ Park Sanssouci
  (Fahrzeit insgesamt: 40 Min.)

Auto

- 35 km, ca. 40 Min.

Nicht verpassen

- Das vergoldete Chinesische Haus bewundern
- Das Orangerieschloss mit seinen Themengärten besuchen
- Alte Meister in der Bildergalerie sehen
- Die Aussicht am Belvedere auf dem Klausberg genießen

Das Sommerschloss auf dem Weinberg: Sanssouci, erbaut 1747

Am Belvedere auf dem Klausberg liegt einem Park Sanssouci zu Füßen

16

Priesterweg

Urbaner Dschungel im Naturpark Schöneberger Südgelände

Dichter Verkehr auf der Friedrichstraße, die Rushhour ist in vollem Gange – nichts wie weg. Ich nehme die S-Bahn und steige ein Viertelstündchen später am Priesterweg aus. Im Grünen! Gefühlt weit weg von der quirligen, lauten Mitte der Stadt. Die Station liegt zwischen einer weitläufigen Kleingartenanlage und dem Südgelände, einem stillgelegten Bahnareal, das sich die Natur längst zurückerobert hat.

Gern drehe ich dort eine Runde und gönne mir anschließend eine Stärkung in der kleinen Gartenwirtschaft in einem Flügel des Bahnhofsgebäudes. Besonders lauschig sitzt man im Vorgarten, wo Gras und Kräuter frei sprießen dürfen. Flammkuchen und Schorle im Schatten alter Bäume – ich freue mich drauf. Aber erstmal geht's ins Südgelände. Bis zum Zweiten Weltkrieg war das Areal hinter der S-Bahntrasse einer der wichtigsten Güter-Verschiebe-Plätze Berlins. Durch die Teilung der Stadt verlor der Standort seine Bedeutung.

Sträucher und Gehölze überwucherten mit der Zeit die Gleisanlagen, Pilze und Farngewächse schossen aus der Erde, ebenso wilde Rosen und wilder Wein. Hunderte Tierarten, vor allem Insekten und Vögel, nahmen die Brache in Beschlag. Als die Bahn den Rangierbahnhof in den 1980er-Jahren wieder in Betrieb nehmen wollte, gründeten sich Bürgerinitiativen gegen diesen Plan. Gutachten bestätigten den ökologischen Wert des urbanen Urwalds, schließlich wurde er zum Naturpark deklariert. Vögel zwitschern. Ich atme tief ein und trabe los.

| *Susanne Kilimann*

Bahn

- S-Bahnhof Priesterweg
- S-Bahn alle 5 Min. (ab Friedrichstraße 14 Min.)

Auto

- 10 km, ca. 30 Min.

Café Paresüd

Kuchen oder Quiche unter sehr hohen Bäumen. An Sonn- und Feiertagen Brunch-Buffet mit Süßem und Deftigem, Fisch und Fleisch, vegetarischen und veganen Speisen.

Apr.–Okt. Sa/So/Fei 11–18, Brunch So und Fei bis 14 Uhr | Prellerweg 47 | 12157 Berlin | Tel. (01 73) 2 08 30 23 | www.paresued.de

Ausrangierte Dampflok, Baujahr 1940

Urbaner Urwald im Naturpark Südgelände

17 Rahnsdorf

Fischerkiez & Müggelspree

Kopfsteinpflaster, Kastanienbäume am Straßenrand und alte Häuser hinter schmiedeeisernen Zäunen: Es geht beschaulich zu im ehemaligen, denkmalgeschützten Fischerdorf Rahnsdorf. Idyllisch liegt es nahe der Mündung der Müggelspree in den Müggelsee.

Der alte Fischerkiez legt sich hufeisenförmig um die Dorfkirche, die man von der Müggelspree aus entdecken kann. 1375 wird der Ort erstmals urkundlich erwähnt. Rund 100 Jahre später erhält Rahnsdorf Fischereirechte. Fortan und bis weit ins 19. Jahrhundert leben die Bewohner fast ausschließlich vom Fischfang.

Heute gibt es in Rahnsdorf nur noch einen Fischer: Andreas Thamm fährt fast täglich auf den Müggelsee hinaus, seit 35 Jahren. An den Sommerwochenenden heizt er den Räucherofen an und verkauft seine frischen Fische an die Ausflügler. Aal, Forelle und Karpfen stehen auf der Tafel.

Nicht weit von der Fischräucherei entfernt liegt die Anlegestelle an der Müggelspree. Hier rudert der Fährmann der handbetriebenen Fähre F24 seine Gäste 36 Meter hinüber zu den Müggelwiesen. Eine zweite, etwas größere und solarbetriebene Fähre F23 fährt zum Müggelwerderweg. Mit ihr kann man hinüber zur Anlegestelle Neu Helgoland schippern. Von dort bietet sich ein wunderschöner Spaziergang durch die Müggelwiesen zum Strandbad am Kleinen Müggelsee an, das mit seinen Sanddünen idyllisch zwischen Kiefern und Fichten liegt.

Bahn

- S-Bahnhof Rahnsdorf
- S-Bahn alle 10–20 Min. (ab Berlin Hbf 38 Min.) und 35 Min. zu Fuß bis Kruggasse

Auto

- 35 km, ca. 70 Min.

Nicht verpassen

- Durch den Fischerkiez von Rahnsdorf streifen
- Am Wochenende Räucherfisch bei Andreas Thamm essen
- Fähre F23 nehmen und ab Neu Helgoland zum Kleinen Müggelsee spazieren

Die Müggelspree ist ein Wasserparadies

18 Rüdersdorf

Entdeckungen im Museumspark

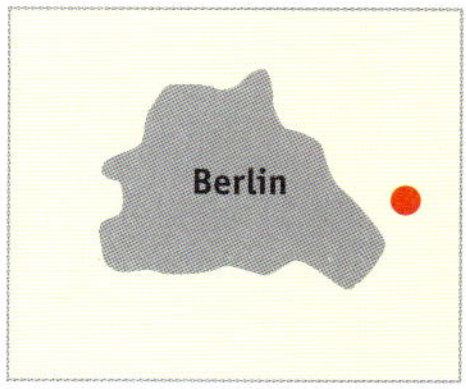

Pittoreske Schornsteine stechen wie riesige, umgestülpte Eiswaffeln aus Fabrikruinen hervor. Sie gehören zur imposanten Schachtofenbatterie, die nicht von ungefähr „Kathedrale des Kalks“ genannt wird. Hier wurde in 18 Öfen Kalk gebrannt. Rundherum stehen weitere eindrucksvolle Überbleibsel der Kalkverarbeitung, heute eingebettet in eine naturnah angelegte Parklandschaft mit vielen lauschigen Ecken.

Der Rüdersdorfer Museumspark ist ein einmaliges Industrie- und Naturdenkmal – und eine Art Freizeitpark. Auf dem riesigen Gelände kann man durch Fabrikruinen streifen, viel über den Baustoff Kalk und seine Verarbeitung erfahren und die wiedergewonnene Natur genießen.

Seit bald 800 Jahren wird in Rüdersdorf Kalk abgebaut. Grund dafür ist eine landschaftliche Besonderheit: Hier ragte einst ein sanfter Hügel aus Kalkstein in der sonst flachen Landschaft des Berliner Umlands heraus. Der Stein wurde herausgebrochen, gebrannt und als Baustoff verwendet. Spätestens seit dem 17. Jahrhundert galt Rüdersdorf als der wichtigste Baustofflieferant für Berlin und Brandenburg. Ob Schloss Sanssouci, Brandenburger Tor oder Olympiastadion: Sie wurden mit Kalkstein aus Rüdersdorf erbaut. Bis heute ist der Rüdersdorfer Tagebau aktiv, europaweit wird Zement exportiert. Wo einst der Hügel stand, tut sich heute eine riesige Grube auf.

Der 17 Hektar große Museumspark lässt sich auf eigene Faust entweder zu Fuß oder mit (Leih-) Go-Karts, E-Bikes oder E-Mobilen erkunden.

Bahn

- S-Bahnhof Friedrichshagen
- S-Bahn alle 10 Min. (ab Berlin Hbf 34 Min.) und Tram 88 bis Rüdersdorf, Heinitzstraße (Fahrzeit insgesamt 79 Minuten)

Auto

- 33 km, ca. 60 Min.

★ Museumspark Rüdersdorf

Täglich 10–18 Uhr (Im Winterhalbjahr eingeschränkte Öffnungszeiten)

Heinitzstraße 41 | 15562 Rüdersdorf | Tel. (03 36 38) 79 97 97 | www.ruedersdorf-kultur.de

Tunnelbauten wie der des Bülowkanals stellten die Verbindung in die Steinbrüche her

In der Schachtofenbatterie wurde in 18 Öfen Kalk gebrannt

19

Strausberg

Alte Stadt am See

Strausberg und der Straussee, das gehört zusammen. Egal wo man sich in der kleinen Stadt aufhält, der fischreiche, etwa 1,4 Quadratkilometer große See mit kristallklarem Wasser und etlichen schönen Badestellen ist immer gleich um die Ecke. Auch der hübsche alte Stadtkern, der an einer Seite von einer langen Feldsteinmauer eingefasst wird, grenzt direkt an den See. Ältester Teil ist der Fischerkietz, eine Anfang des 13. Jahrhunderts entstandene Siedlung. Ursprünglich wohnten hier keine Fischer, sondern Bauern, die um 1225 als Bauhelfer für eine neue Burg am Seeufer angeheuert wurden. Vom Ufer am Fischerkietz hat man einen weiten Blick über den Straussee und das gegenüberliegende grüne Ufer.

Das älteste erhaltene Gebäude in Strausberg ist die mächtige Stadtpfarrkirche St. Marien aus dem 13. Jahrhundert. Sie zählt zu den größten noch erhaltenen Feldsteinkirchen in Brandenburg.

Wer den Straussee trockenen Fußes überqueren möchte, nutzt ein ganz besonderes Verkehrsmittel: Eine denkmalgeschützte Seilfähre pendelt abgasfrei zwischen Strausberg und dem gegenüberliegenden Waldgebiet. Die Überfahrt dauert nur sieben Minuten.

Nahe der Anlegestelle liegt das 1925 eröffnete Strandbad mit seinen Jugendstilgebäuden. Leider ist es derzeit aus Sicherheitsgründen geschlossen, da der Straussee seit 2019 nach regenarmen Jahren zu wenig Wasser führt.

Noch ein besonderes Verkehrsmittel hat Strausberg, jedenfalls für eine Kleinstadt: Die stadteigene „Strausberger Eisenbahn“, die in Wirklichkeit eine Straßenbahn ist, pendelt auf ihrer einzigen Linie zuverlässig zwischen Stadtzentrum und dem Bahnhof in der Vorstadt.

Bahn

- S-Bahnhof Strausberg Stadt
- S-Bahn alle 20 Min. (ab Berlin Hbf 61 Min.)

Auto

- 42 km, ca. 60 Min.

Nicht verpassen

- An einer Badestelle am Straussee (am besten im nördlichen Stadtgebiet) ins Wasser hüpfen
- Den Fischerkietz erkunden
- Mit der Seilfähre über den Straussee schippern

Der Straussee ist fast vier Kilometer lang

Der Fischerkietz ist der älteste Teil von Strausberg

20 Wandlitz

Wasser, Wälder, Waldsiedlung

Bis zur Wende lebte in der rund 1,5 Quadratkilometer großen Waldsiedlung in einem Waldstück in der Nähe von Wandlitz die politische Elite der DDR. Abgeschottet vom Volk hatten hier Erich Honecker, Walter Ulbricht, Erich Mielke und Egon Krenz ihre Häuser. Da aus der geschlossenen Siedlung kaum etwas nach außen drang, kursierten immer wieder Gerüchte von Luxuspalästen mit goldenen Wasserhähnen. Als dann ab 1990 jeder die Häuser in Augenschein nehmen konnte, waren viele überrascht, wie grau, unscheinbar und spießig die Staatsführung der DDR gewohnt hatte. In den Jahren nach der Öffnung des Areals wurde die Siedlung unter Denkmalschutz gestellt. Heute kann jeder durch das gusseiserne Haupttor in die Waldsiedlung Wandlitz spazieren.

Ein Leitsystem mit Infotafeln samt QR-Codes führt zu den Häusern von Honecker & Co. und zu den wichtigsten Plätzen auf dem Gelände. So lässt sich ein Ausflug ins Grüne mit einer kleinen Geschichtsstunde verknüpfen.

Doch nur die wenigsten Ausflügler kommen wegen der Waldsiedlung nach Wandlitz. Es sind die glasklaren Seen, von denen es 15 kleinere und größere gibt, und die herrlich nach Kien duftenden Wälder, die schon seit der Eröffnung der „Heidekrautbahn" Hauptstädter nach Wandlitz locken. Die ganze Gemeinde lässt sich hervorragend mit dem Fahrrad erkunden, denn um viele der Seen führen autofreie Waldwege, an denen immer wieder kleine Badeplätze zu einer Pause einladen.

| *Christian Nowak*

Bahn

- Bahnhof Wandlitz
- RB von S-Bahnhof Berlin-Karow mind. stündlich (ab Berlin Hbf mit Umsteigen 51 Min.)

Auto

- 33 km, ca. 50 Min.

Nicht verpassen

- Die Waldsiedlung besichtigen

  Wer mehr erfahren möchte: Der Wandlitzer Wolf-Dieter Setz führt regelmäßig durch die Waldsiedlung

  Tel. (03 33 97) 7 34 34 | *www.wandlitzsee.com*

- Die Seen rund um Wandlitz erkunden

Das Strandbad am Wandlitzsee ist ein beliebtes Ausflugsziel

Das Wohnhaus von Margot und Erich Honecker in der Waldsiedlung

21

Wannsee

Ausflug zur Liebermann-Villa

Hier finden Kunst und Natur auf das Schönste zusammen: Die Liebermann-Villa am Großen Wannsee ist nicht nur ein Museum, sondern auch ein Gartenparadies. 1909 ließ der Maler Max Liebermann sein „Schloss am See“ bauen. Das als Sommersitz gedachte Anwesen wurde für den bedeutenden Vertreter des deutschen Impressionismus zur Quelle der Inspiration. Hier entstanden rund 200 Gemälde, in denen Liebermann die Blütenpracht des malerischen Gartens und das Seepanorama im Lauf der Jahreszeiten festhielt. Etliche dieser Bilder können heute im Museum der Liebermann-Villa betrachtet werden. Auch über das Leben und Werk des Künstlers informiert eine Ausstellung.

Eine weitere Attraktion ist der Garten der Liebermann-Villa selbst. Zum Großen Wannsee hin zieht er sich als langes grünes Band bis zur Wasserkante. Rechts und links verbergen sich hinter sorgsam gepflegten Hecken kleine, intime Gartenplätze. Der zur Straße gelegene Gartenbereich aber wird von einem üppigen Stauden- und Gemüsegarten eingenommen, der norddeutschen Bauerngärten nachempfunden ist. Hier wachsen neben Kohl, Bohnen und Tomaten auch selten gewordene Pflanzen.

Sinnlich kann man das Leben und Werk von Max Liebermann auch im ehemaligen Speisezimmer und auf der Terrasse nachempfinden: Das Café Max serviert hier Kaffee und Kuchen mit Blick über prächtige Blumen, grünen Rasen und den Großen Wannsee.

Bahn

- Bahnhof Wannsee
- S-Bahn alle 10 Min., RE mind. alle 30 Min.
  und Bus 114 oder 30 Min. Fußweg (Fahrzeit insgesamt: ca. 35 Min.)

Auto

- 22 km, ca. 30 Min.

★ Liebermann-Villa am Wannsee

Täglich außer Di 10–18 Uhr

Colomierstraße 3 |
14109 Berlin |
Tel. (030) 80 58 59 00 |
www.liebermann-villa.de

Die Liebermann-Villa vom Wannsee aus

Bunt geht es im Staudengarten am Torhaus zu

22 Werder

Historische Altstadtinsel & Obstkammer

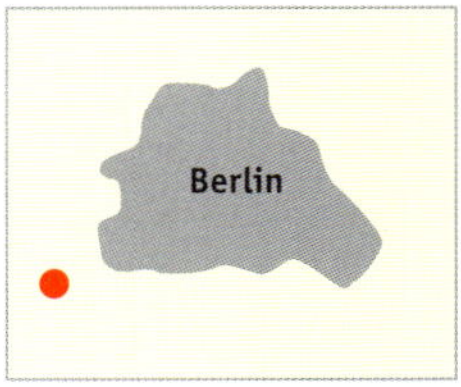

Theodor Fontane beschrieb die Einwohner von Werder in seinen *Wanderungen durch die Mark Brandenburg* wenig schmeichelhaft: Abergläubisch und im Gespenstersehen besonders erfahren sollten sie sein, dazu hätten sie eine kauderwelsche Sprache und gäben nicht viel auf Künste und Wissenschaften. Sein Fazit: Die Bewohner hätten aus Werder keinen Prachtbau gemacht.

Was für ein Irrtum, zumindest wenn man heute durch die Stadt schlendert. Werder ist eine Stadt am Wasser, eingebettet in den Flusslauf und die Seen der Havel. Vor allem die denkmalgeschützte Altstadt auf einer Insel könnte kaum schöner liegen. Ihre Silhouette mit Altem Rathaus, Bockwindmühle und Heilig-Geist-Kirche zählt zu den Kleinodien vor den Toren Berlins.

Neben dem Alten Rathaus auf dem Mühlenberg, der höchsten Erhebung Werders, befindet sich im ehemaligen Gefängnis das Obstbaumuseum, das einen der wichtigsten Wirtschaftszweige der Stadt beleuchtet. Dem Obstanbau verdankt Werder auch sein größtes Fest, das Baumblütenfest, das alljährlich um den 1. Mai gefeiert wird. In einem Meer von blühenden Bäumen wird auf einem Ball die Baumblütenkönigin gekürt.

Im Zentrum der Stadt herrscht während dieser Tage viel Trubel, in den Plantagen geht es dagegen gemütlicher zu. Hier kann man Obstweine verkosten, die fast wie Fruchtsaft schmecken, deren Alkoholgehalt man aber trotzdem nicht unterschätzen sollte. Der beste Produzent wird natürlich prämiert, er erhält die „Goldene Kruke". | *Christian Nowak*

Bahn

- Bahnhof Werder (Havel)
- RE alle 30 Min. (ab Berlin Hbf 34 Min.)

Auto

- 58 km, ca. 55 Min.

Nicht verpassen

- Durch den Altstadtkern schlendern
- Das Obstbaumuseum anschauen
- Die rekonstruierte Bockwindmühle bewundern
- Das Baumblütenfest feiern
- Zum Alten Rathaus auf dem Mühlenberg gehen

Werder liegt traumhaft schön am Wasser

23

Woltersdorf

Auf zur Liebesquelle

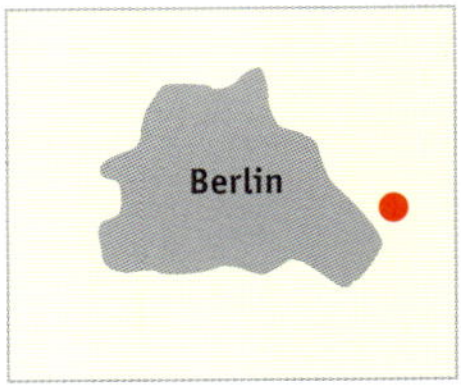

Einen der romantischsten Orte in Berlins Umgebung erreicht man am besten mit der Überlandstraßenbahn: Die Woltersdorfer Schleuse. Dort kann man dann nicht nur dem Auf und Ab des Schleusenbetriebs zusehen und zu einem Aussichtsturm mitten im Wald spazieren – sondern auch noch eine Liebesquelle entdecken.

Es geht am S-Bahnhof Rahnsdorf los. Schräg gegenüber wartet meist schon ein Wagen der Woltersdorfer Straßenbahn. Der sieht nicht nur aus wie aus der Zeit gefallen – die Tram stammt wirklich aus den 1960er-Jahren. Mit Geklingel und Gerumpel geht es dann quer durch den Wald, bis Woltersdorf erreicht ist. Der stille Ort liegt landschaftlich schön zwischen Wäldern und einer Seenkette. Endstation ist am Wasser: Hier verbindet die Schleuse den Flakensee mit dem Kalksee.

Der Fußgängersteig über die Klappbrücke der Schleuse eröffnet einen tollen Blick auf das Schleusengeschehen und die beiden Seen. Auf der anderen Seite führt eine Promenade mit schicken Villen am Flakensee entlang. Direkt am Kalksee liegt das Restaurant *Liebesquelle* mit schöner Terrasse. Die Liebesquelle selbst findet man am Waldrand auf der Rückseite des Lokals. Dem Wasser aus dieser märkischen Quelle wurde einst eine besondere Wirkung zugeschrieben. Zwar versiegte die Quelle im Jahr 2005 und heute fließt nur noch normales Leitungswasser aus dem Hahn. Trotzdem könnten die geheimnisvollen Kräfte des Wassers ja weiterwirken …

Bahn

- S-Bahnhof Rahnsdorf
- S-Bahn alle 10–20 Min. (ab Berlin Hbf 38 Min.) und Tram 87 bis Woltersdorf, Schleuse (16 Min.)

Auto

- 34 km, ca. 60 Min.

Nicht verpassen

- Den Booten an der Schleuse nachschauen
- Die Zugbrücke bestaunen
- Aus der Liebesquelle trinken
- Den Aussichtsturm auf dem Kranichsberg besteigen

Von der Schleuse hat man einen tollen Blick aufs Wasser

Der schöne Tag in der Mark

Beglückende Ausflugsziele in Brandenburg

24 Bad Belzig

Von Wölfen, Wasserfällen & Wunderpunkten

Eigentlich ist es hier im Hohen Fläming sehr idyllisch. Eigentlich. Ein schöner Tagesausflug, um das hübsche Fachwerkstädtchen Bad Belzig zu besichtigen und in der wunderschönen Umgebung durch Wälder und Wiesen zu wandern. Wären da nicht diese Irritationen: Drei Wölfe lauern abseits des Weges am Waldrand. Doch sie bewegen sich nicht und man hört keinen Laut. Ein mutiger Blick: Keine Gefahr, die Tiere sind aus Metall, ein filigranes Kunstwerk, das die belgische Künstlerin Marion Burghouwt geschaffen hat.

Schon am Ortsrand von Wiesenburg sieht der Wanderer erstaunt gewaltige schwarz-weiß gefleckte Kuheuter auf der Wiese liegen. Und es erwarten ihn weitere Hingucker: Ein „Wasserfall“ aus Stahlmasten mit Pumpenschwengeln, ein Porzellanbaum, fünf riesige, transparente Kuben, die wie auf die Wiese gewürfelt scheinen, Steinlegungen in Hecken als „Wunderpunkte“ und rund 20 weitere Kunstwerke, ein buntes Kaleidoskop.

Die Überraschungen sind Programm: Der Internationale Kunstwanderweg Hoher Fläming, ein Wegenetz von insgesamt 80 Kilometern Länge auf vier Routen zwischen Bad Belzig, Schmerwitz, Wiesenburg und Borne, lädt zum Wandern und Wundern ein (www.kunst-land-hoher-flaeming.de).

Und wer des Staunens müde ist, kann sich in der Bade- und Wellness-Landschaft des Thermalsoleheilbads erholen, dem Belzig seit 2009 den Zusatz „Bad“ verdankt.

| *Bernhard Mogge*

Bahn

- Bahnhof Bad Belzig
- RE stündlich (ab Berlin Hbf 65 Min.)

Auto

- 90 km, ca. 70 Min

Nicht verpassen

- Burg Eisenhardt in Bad Belzig
- Die mittelalterliche Bricciuskirche in der Burg
- Im Brandenburgischen Orgelmuseum in der Belziger Marienkirche sieben Orgeln bestaunen
- In Gut Schmerwitz mit Töpferei und Café an der Nordroute des Kunstwanderwegs eine Pause einlegen

Kunstwerk *Five Cubes* von Karl Menzen

Kunstwerk *(K)uier(en) – Spazierengehen* von Silke De Bolle

25

Bad Wilsnack

Beten & Baden: Thermalbad & Pilgerort

120 Kilometer oder sechs Tage, so lange ist unterwegs, wer auf dem Pilgerpfad zwischen Berlin und Bad Wilsnack wandert. Schon im Mittelalter gingen die Menschen diesen Weg, um an dessen Endpunkt in der St.-Nikolai-Kirche Fürbitte zu halten.

1383 hatte der Raubritter Heinrich von Bülow Dorf und Kirche in Brand gesteckt. Nur der Altar überstand das Feuer. Auf ihm blieben auch drei Hostien unversehrt, die der Pfarrer bereits für die Messe geweiht hatte. Und, so die Überlieferung, auf jeder der drei Hostien war das Blut des Erlösers zu sehen. Moderne Wissenschaftler vermuten zwar, dass ein Schimmelpilz die Rotfärbung verursacht hatte, doch wie dem auch sei: Von Stund an war Wilsnack einer der wichtigsten Pilgerorte Nordeuropas.

Erst mit der Reformation, 1552, verbrannte der evangelische Ortspfarrer die Wunderhostien und Wilsnack verlor seine Bedeutung als Wallfahrtsort. Die Wunderblutkirche aber, die nach dem Brand sofort wieder aufgebaut und 1400 fertiggestellt wurde, ist bis heute die Hauptattraktion der Gemeinde.

Machen Sie nach dem Besuch der Kirche unbedingt noch einen Spaziergang durch die kleine Altstadt, die Fachwerkhäuser in den Straßen rund um den Marktplatz lohnen einen näheren Blick. Die meisten Besucher kommen inzwischen aber wegen der Kristalltherme nach Bad Wilsnack. Das „Bad" im Namen trägt der Ort wegen seines eisen- und jodhaltigen Thermalsole-Heilwassers seit 1929.

| *Rasso Knoller*

Bahn

- Bahnhof Bad Wilsnack
- RE stündlich (ab Berlin Hbf 85 Min.)

Auto

- 76 km, ca. 80 Min.

Nicht verpassen

- Die Wunderblutkirche St. Nikolai besichtigen
- Einen Rundgang durch die Altstadt unternehmen
- Ein Bad in der Kristalltherme genießen

Rund um den Markt stehen schöne Fachwerkhäuser

Die Wunderblutkirche war einst ein bedeutender Pilgerort

26 Bad Saarow

Auszeit am Märkischen Meer

Kaum ist man in Bad Saarow angekommen, überkommt einen eine gewisse Ruhe. Die Augen nehmen Schönheit und Weite wahr, die Nase die gute, frische Luft. Bad Saarow ist ein Kur- und Erholungsort der Extraklasse. Das liegt auch am wunderbaren Scharmützelsee. Der zweitgrößte See Brandenburgs ist hier überall präsent und der Ort schmiegt sich aufs Schönste um das Gewässer herum.

Der Aufstieg vom Dorf am See zum internationalen Kurort begann Anfang des 20. Jahrhunderts. Ab 1906 entstand die Villenkolonie, die bis heute das mondäne Ortsbild prägt. In den 1920er-Jahren entwickelte sich Bad Saarow zum bevorzugten Erholungsort und Treffpunkt der Berliner Kultur- und Filmszene. Für den Einstieg sei ein Spaziergang vom eindrucksvollen, säulengesäumten Bahnhof ans bildhübsche westliche Seeufer empfohlen. Über die Ulmenstraße passiert man rechter Hand das leuchtend rote Gorki-Haus. Der russische Schriftsteller war zweimal in Bad Saarow, um ein Lungenleiden zu kurieren. In dem Haus, das im finnischen Landhausstil errichtet wurde, befand sich zu DDR-Zeiten eine Gedenkstätte für Maxim Gorki.

Weiter geradeaus gelangt man zum ehemaligen Moorbad. Der auf einer Anhöhe thronende Säulenbau beherbergt heute den Tourismusverband Seenland Oder-Spree und Gemeindeeinrichtungen. Gleich hinter dem gegenüberliegenden ehemaligen Wasserturm gelangt man links in den Kurpark, der sich in sanften Wellen bis hinunter zum Scharmüt-

Bahn

- Bahnhof Bad Saarow
- RB alle 60 Min. ab Fürstenwalde (Fahrzeit ab Berlin Hbf mit Umsteigen in Fürstenwalde 66 Min.)

Auto

- 80 km, ca. 75 Min.

Nicht verpassen

- Ein 36 Grad heißes Solebad in der Therme nehmen
- Den Blick aufs Märkische Meer genießen
- Auf einer Fahrradtour den Scharmützelsee umrunden
- Eine Schifffahrt auf dem See unternehmen

Im Gorki-Haus kann man heute Ferien machen

zelsee erstreckt. Hier steht, etwas vom See zurückgesetzt, die *SaarowTherme*. Das moderne, trotz seiner Säulen klar und leicht wirkende Gebäude ist so etwas wie der touristische Leuchtturm von Bad Saarow. Geboten werden warme Solebecken drinnen und draußen, eine große Saunalandschaft und eine Liegewiese mit Blick auf den Scharmützelsee.

Folgt man der Uferpromenade, stößt man bald auf das *SeeBadSaarow*, eines von mehreren Strandbädern am See. Vor dem strahlend weißen, historischen Seebadcafé, das heute ein edles Restaurant beherbergt, breitet sich ein gepflegter Sandstrand aus. Vorbei an der noblen Anlage des kleinen Luxus-Hotels *Villa Contessa* erreicht man bald den Hafen. Hier starten auch Seerundfahrten, die einen bequem zu den schönsten Orten auf beiden Seiten des Sees bringen.

Ein besonderes Kleinod ist der hübsch angelegte Fontanepark direkt am Seeufer: Der Schriftsteller war ein großer Fan des Scharmützelsees, den er liebevoll „Märkisches Meer“ nannte. Auf einem Rundweg kann man kluge Zitate des großen Literaten lesen, die bis heute nichts von ihrer Allgemeingültigkeit verloren haben.

Der Scharmützelsee war Fontanes „Märkisches Meer"

SaarowTherme

Die Therme in Bad Saarow ist die größte zusammenhängende Thermalsolefläche in Mittel- und Norddeutschland. Wassertemperaturen von 34–36 Grad Celsius und eine Solekonzentration von 3 % sorgen für ein ganzheitliches Wohlgefühl. Verschiedene Innen- und Außenbecken, Saunen und Wellnessangebote lassen kaum Wünsche offen. Dazu gibt es den traumhaften Blick in den Kurpark und auf den Scharmützelsee.

Am Kurpark 1 | 15526 Bad Saarow | Tel. (03 36 31) 86 80 | https://therme.bad-saarow.de

Das Dorsch

Feine regionale Küche auf bodenständiger Basis mit mediterranen Einsprengseln. So steht neben Filet vom Räucheraal auch Currywurst auf dem Speiseplan. Letztere gibt es auch als vegetarische Variante. Toll ist die traumhafte Hanglage direkt am Wasser beim Jachtclub im Ortsteil Bad Saarow Strand am Westufer des Scharmützelsees.

Humboldtstraße 16 | 15526 Bad Saarow | Tel. (03 36 31) 24 04 | www.das-dorsch.de

27 Beelitz-Heilstätten

Baumwandeln

In 24 Metern Höhe über einem grünen Blätterdach wandeln und dabei einen ungeahnten Weitblick genießen – Grün bis zum Horizont! Dieses beglückende Erlebnis hat, wer auf dem Baumkronenpfad *Baum & Zeit* auf dem Gelände der ehemaligen Beelitzer Heilstätten spaziert.

Zwischen den Baumwipfeln ragen immer wieder Ruinendächer der Heilstätten heraus. Von hier oben wirken die Gebäude wie geheimnisvolle, verfallene Schlösser. Die ab 1898 mitten im Wald entstandenen Heilstätten bildeten einst einen riesigen Krankenhauskomplex mit insgesamt 60 Gebäuden. Zuletzt wurde die Anlage von der russischen Armee als Militärhospital genutzt. Seit 1994 steht ein Großteil der Gebäude leer. Die meisten der oft mit schmiedeeisernen Ornamenten, fein gemusterten Fliesen und verzierten Fensterbögen ausgestatteten Bauten sind heute in einem ruinösen, aber überaus fotogenen Zustand. So ist ein Spaziergang durch das parkartige Gelände wie eine kleine, verträumte Zeitreise, auf der man viel entdecken kann. Auch der Waldpark selbst ist eine Attraktion: 65 verschiedene Baum- und Gehölzarten stehen auf dem Areal, was besonders im Frühling und Herbst für fantastische Farbenspiele sorgt.

Den Baumkronenpfad betritt man am 40 Meter hohen Aussichtsturm, der auch über einen Aufzug verfügt. Von der obersten Plattform reicht der Blick bis nach Berlin. Eine andere, bodenständige Variante des Walderlebens bietet der Barfußpark. Auf drei Rundparcours spürt man hautnah die unterschiedliche Beschaffenheit des Waldbodens.

Bahn

- Bahnhof Beelitz-Heilstätten
- RE stündlich (Fahrzeit ab Berlin Hbf 42 Min.)

Auto

- 55 km, ca. 50 Min.

★ Baum & Zeit – Baumkronenpfad Beelitz-Heilstätten

Geöffnet täglich 10–19 Uhr

Straße nach Fichtenwalde 13 | 14547 Beelitz-Heilstätten | (03 32 04) 63 47 23 | www.baumundzeit.de

Der Panoramaweg schlängelt sich an Ruinen vorbei durch Baumkronen

Beliebtes Foto- und Filmmotiv: Die verlassenen Gebäude der Beelitzer Heilstätten

28 Beeskow

Kleinstadtromantik an der Spree

Romantische Gassen mit Fachwerkhäusern, eine mittelalterliche Burg und eine idyllische Lage am Wasser: Beeskow, rund 80 Kilometer südöstlich von Berlin, verströmt den Charme einer alten, in sich ruhenden Kleinstadt. Die Spree schlängelt sich, aus dem Spreewald kommend, durch den Ort. Bereits von Weitem fällt die St.-Marien-Kirche ins Auge, eine der größten Backsteinkirchen Brandenburgs. Der historische Stadtkern wird umringt von großen Teilen einer restaurierten Stadtmauer. Auf dem weitläufigen Marktplatz werden viermal pro Woche frische Produkte aus der Region angeboten. Und auf einer Insel in der Spree steht Burg Beeskow, eine mittelalterliche Wasserburg, die heute ein Kulturzentrum ist.

Beeskow blickt auf eine über 770-jährige Geschichte zurück, die mit dem Bau der Burg ihren Anfang nahm. Etwa im Jahr 1250 errichteten die Ritter von Strele hier am Spreeübergang der Handelsstraße zwischen Frankfurt (Oder) und Leipzig ihren Herrschaftssitz. In nur wenigen Jahren entwickelte sich die slawische Siedlung zu einer bedeutenden mittelalterlichen Stadt. Das prägt Beeskow bis heute und die Beeskower wissen dieses Erbe zu pflegen. Die meisten Gebäude im historischen Ortskern sind liebevoll restauriert, fünf der zehn Stadttürme an der historischen Stadtmauer sind erhalten. Das *Älteste Haus*, erbaut 1482, kann besichtigt werden und beherbergt eine sehenswerte Ausstellung mit Alltagsgegenständen unserer Vorfahren.

Bahn

- Bahnhof Beeskow
- RB alle 60 Min. ab Königs Wusterhausen (Fahrzeit ab Berlin Ostkreuz mit Umsteigen in Königs Wusterhausen 98 Min.)

Auto

- 95 km, ca. 90 Min.

Nicht verpassen

- Burg Beeskow besuchen
- Im Mittelaltermagazin in der Burg gruseln
- Die Aussicht vom 30 Meter hohen Begfried genießen
- Das *Älteste Haus* besichtigen
- Eine Floßfahrt unternehmen *www.huckleberrys-tour.de*

Das *Älteste Haus* kann besichtigt werden

29

Borkheide

Flieger bestaunen

Sie ist das heimliche Wahrzeichen des Walddorfes Borkheide: Ein ausrangiertes Passagierflugzeug vom Typ IL-18 der *Interflug*. Seit 1989 steht der vierstrahlige Turbopropflieger zusammen mit anderen Fluggeräten auf einer Wiese am Dorfrand, dem Hans-Grade-Museum. Doch wie kommt ein Flugzeugmuseum an den Rand einer beschaulichen Waldgemeinde?

Als Anfang des 20. Jahrhunderts wohlhabende Berliner ihre Landsitze am Waldrand errichteten, war unter den Neubürgern auch der Flugpionier Hans Grade. Ihm war 1908 der erste Motorflug in Deutschland mit einem selbstgebauten Dreidecker gelungen. In Borkheide ließ Hans Grade bald eine ganze Flugzeugfabrik errichten, 80 Flugzeuge wurden hier gebaut. Später, zwischen 1919 und 1925 wurden hier Autos hergestellt. Die Fabrik gibt es schon lange nicht mehr. Doch der dazugehörige Flugplatz, einer der ältesten Deutschlands, beherbergt heute das Hans-Grade-Museum, wo historische Flugzeuge aus sowjetischer und DDR-Produktion hautnah bestaunt werden können.

Hauptattraktion ist die große Passagiermaschine der *Interflug*. Die *Iljuschin IL-18* landete 1989 in einem waghalsigen Manöver auf der mit 800 Metern eigentlich viel zu kurzen Graspiste von Borkheide. Heute lässt sich der eindrucksvolle Flieger an Wochenenden im Sommerhalbjahr auch von innen besichtigen. In der Kabine kann man, auf den originalen Flugzeugsesseln sitzend, ein Video der spektakulären Landung ansehen. Natürlich darf man auch einen Blick ins Cockpit des Flugzeugs werfen.

Über Leben und Werk des Flugpioniers Hans Grade erfährt man Spannendes in einer kleinen Ausstellung.

Bahn

- Bahnhof Borkheide
- RE stündlich (Fahrzeit ab Berlin Hbf 46 Min.)

Auto

- 61 km, ca. 50 Min.

★ Hans-Grade-Museum

Geöffnet an Wochenenden im Sommerhalbjahr

Am Flugplatz | 14822 Borkheide | www.grade-museum.de

Highlight des Hans-Grade-Museums ist ein großes Passagierflugzeug

Auch ins Cockpit kann man schauen

30

Brandenburg an der Havel

Die Wiege der Mark

Mit mehr als 400 Baudenkmälern gehört Brandenburg an der Havel zu den bedeutendsten mittelalterlichen Städten des Landes. Und spätestens seit der Bundesgartenschau 2015 ist die drittgrößte Stadt Brandenburgs auch eine der grünsten und urbansten der Mark. Die über 1 000-jährige Stadt, inmitten einer wunderschönen Fluss- und Seenlandschaft gelegen, besitzt gleich drei historische Stadtkerne: 1715 wurden die einst selbstständigen Hansestädte Altstadt und Neustadt vereinigt, 1929 kam dann die Dominsel hinzu. Geprägt werden die historischen Teile der Stadt vor allem durch ihre Backsteinbauten.

Als Keimzelle der Stadt gilt eine slawische Fürstenburg auf einer Havelinsel, der heutigen Dominsel. Um 1150 übernahm Albrecht der Bär die Burg, 1157 gründete er die Mark Brandenburg. Im Jahr 1165 wurde auf den Fundamenten der alten Slawenburg mit dem Bau des Doms begonnen.

Prunkvoll zeigt sich der Staffelgiebel des Altstädtischen Rathauses mit den Wappen von Ratsfamilien, ebenso das Hauptportal mit Köpfen von historischen Persönlichkeiten. Rechts neben dem Hauptportal steht eine über fünf Meter hohe Rolandstatue aus Sandstein. Ursprünglich stand die Figur auf dem Neustädtischen Markt, dann vor dem Neustädtischen Rathaus, im Zweiten Weltkrieg wurde sie eingelagert. Eine weise Entscheidung, denn das Neustädtische Rathaus wurde durch Bomben komplett zerstört. Nach Kriegsende fand der Roland schließlich seinen Platz vor dem Altstädtischen Rathaus.

Bahn

- Brandenburg Hbf
- RE alle 30 Min. (ab Berlin Hbf 46 Min.)

Auto

- 73 km,ca. 70 Min.

Nicht verpassen

- An der Jahrtausendbrücke dem Treiben auf der Havel zuschauen
- Von der Friedenswarte auf dem Marienberg die Aussicht genießen
- Am Altstädtischen Rathaus den Roland bestaunen
- Loriots Waldmöpse suchen

Das Rathaus mit dem Roland davor

Nur wenige Schritte entfernt sitzt auf einer Bank ein Knollennasenmännchen – Loriots wohl bekannteste Schöpfung. Dieses eher ungewöhnliche Denkmal erinnert an den berühmtesten Sohn der Stadt, Vicco von Bülow, besser bekannt als Loriot. Damit aber nicht genug der Ehre für den genialen Humoristen, denn mittlerweile trifft man überall in der Stadt auf mehr als zwei Dutzend gehörnte, plattnasige Waldmöpse mit Ringelschwänzen. Die etwa 50 Zentimeter großen Bronzefiguren sitzen, stehen, schlafen, schnüffeln und heben das Bein. Wer erinnert sich bei ihrem Anblick nicht an Loriots Behauptung, dass ein Leben ohne Mops möglich, aber sinnlos sei?

Bis heute prägt der Dom St. Peter und Paul die Dominsel. Zwischen dem 13. und 15. Jahrhundert erfolgten umfangreiche Erweiterungsbauten im gotischen Stil und auch in den folgenden Jahrhunderten wurde viel an dem Gotteshaus verändert. Als man Karl Friedrich Schinkel mit der Sanierung beauftragte, drohte der Dom einzustürzen, denn beim Bau hatte man die Fundamente nicht tief genug in den sumpfigen Untergrund getrieben. Schinkel konnte zwar die Statik soweit stabilisieren, dass der Dom samt Turm 1836 durch den

Blick auf die ehemalige Klosterkirche St. Johannis an der Havelpromenade

preußischen König Friedrich Wilhelm III. wiedereingeweiht werden konnte. Doch auf lange Sicht war das Problem nicht gelöst. So waren in den 1960er- und 1990er-Jahren weitere aufwendige Sicherungsmaßnahmen notwendig. Ein Sanierungsfall war lange Zeit auch das mittelalterliche Paulikloster. Heute ist in dem eindrucksvollen Backsteingebäude in der Neustadt das Archäologische Landesmuseum untergebracht. Es gibt mit 10 000 ausgewählten Exponaten einen faszinierenden Überblick über die Kulturgeschichte Brandenburgs. | *Christian Nowak*

Cafébar am Brückenhäuschen

Winziges Café direkt an der Jahrtausendbrücke. Feine Kaffee- und Teesorten, süße und herzhafte Leckereien. Man ordert „to go" und setzt sich dann an die Promenade an der Havel. Für den mitgebrachten Mehrwegbecher gibt es Rabatt. Außerdem kann man hier Kanus leihen und direkt von der Jahrtausendbrücke in die reizvolle Wasserlandschaft der Stadt starten.

Ritterstraße 76 |
14770 Brandenburg an der Havel |
Tel. (0 33 81) 22 90 48 |
Täglich bis 18.30 Uhr

31

Buckow

Mutter Courage am Schermützelsee

Woran es liegt, vermag niemand genau zu sagen: an der Lage unweit Berlins in der wunderschönen Umgebung des Naturparks Märkische Schweiz, der kleinstädtischen Idylle, dem weiten Blick über den Schermützelsee? Jedenfalls wurden und werden Dichter und andere Künstler von Buckow angezogen. Bertolt Brecht und Helene Weigel bewohnten ein Atelierhaus am Seeufer; heute ist es ein Museum mit originaler Einrichtung. Brecht schrieb hier seine *Buckower Elegien,* die Besucher auf Kupfertafeln im Garten lesen können. An die Schauspielerin Helene Weigel erinnern Requisiten wie der Karren der Marketenderin aus *Mutter Courage und ihre Kinder.*

Kunst und Kultur spielen auch heute eine große Rolle in Buckow: Rund 40 Maler, Musiker, Bildhauer, Keramiker und Landschaftsgestalter aus der Region haben sich im Netzwerk *Kunst und LebensArt Märkische Schweiz* zusammengeschlossen und präsentieren ihre Arbeiten in Werkstätten und bei Events wie der Langen Nacht.

Nicht alle Künstler konnten Buckow so viel abgewinnen: Theodor Fontane monierte das „lebensgefährliche Straßenpflaster“ und rümpfte die Nase über das Stadtbild. Damit hatte er nicht ganz Unrecht, denn eine ziemlich uneinheitliche, bunte Mischung aller Stilrichtungen zieht sich über die Hügel: wuchtige Gründerzeitbauten, Stuckfassaden, Fachwerkhäuser, dazwischen Unsaniertes. Erholung für Augen und Gemüt findet man auf den herrlichen Wanderwegen rund um den Ort.

| *Bernhard Mogge*

Bahn

- Bahnhof Buckow
- Von Berlin Ostkreuz stündlich RB bis Müncheberg, weiter mit Bus 928 nach Buckow (ab Berlin Hbf 97 Min.) oder im Sommerhalbjahr mit der Buckower Kleinbahn

Auto

- 55 km, ca. 80 Min.

Nicht verpassen

- Das Brecht-Weigel-Haus besichtigen
- In den Schermützelsee springen
- Eine Wanderung durch die Märkische Schweiz unternehmen, zum Beispiel zur Pritzhagener Mühle (10 km hin und zurück)

Auf dem Schermützelsee laden Schiffe zur Rundfahrt ein

Zimmer mit Aussicht: Im Brecht-Weigel-Haus

32 Chorin

Märchenhaftes Kloster

Immer wieder zieht mich der malerische, märchenhafte Ort in seinen Bann. Erhaben ragen die roten Backsteinmauern von Kloster Chorin auf. Die Türmchen, die Giebel – jedes bauliche Schmuck-Detail scheint entschlossen himmelwärts zu streben. Bäume mit ausladenden Kronen geben der inzwischen gut konservierten Ruine einen würdigen Rahmen und in dem umliegenden Landschaftsgarten kann man wunderbar spazieren.

Die Gründung der Zisterzienserabtei von Chorin geht auf die Brandenburger Markgrafen zurück, 1273 wurde mit dem Bau begonnen. An der architektonischen Planung und an der Herstellung der Baumaterialien waren die Mönche selbst beteiligt. Zwei Jahrhunderte lebte der Orden hier seine Form der Spiritualität. 1542, im Zuge der Reformation, wurde das Kloster aufgelöst. Das Gebäude verfiel mit der Zeit. Erst Karl Friedrich Schinkel (1781–1841), Preußens Oberbaudirektor und Architekt des Königs, erkannte die architekturgeschichtliche Bedeutung der vor sich hin bröckelnden Anlage – unter seiner Leitung wurde mit der Konservierung und der teilweisen Rekonstruktion der Ruine begonnen.

Heute lockt das Kloster mit wechselnden Ausstellungen, Lesungen und Konzerten. Unbestrittenes Highlight ist der Choriner Musiksommer – dann erfüllen Opern- und Klassikklänge den Innenhof der einstigen Zisterzienserabtei.

| *Susanne Kilimann*

Bahn

- Bahnhof Chorin
- RE nach Chorin (ca. 40 Min. ab Berlin Hbf); ca. 2 km Fußweg zum Kloster. Am Bahnhof Chorin Fahrradverleih *www.fahrradverleih-chorin.de*

Auto

- 80 km, ca. 80 Min.

Klostercafé

Das Café wird vom nahe gelegenen Ökodorf Brodowin betrieben und natürlich auch beliefert, mit Obst und Gemüse, Milch- und Wurstprodukten und frischen Kuchen und Torten. Geöffnet Apr.–Okt. tgl. 10–18 Uhr, Nov.– Anf. Jan nur Sa/So 12–16 Uhr

Tel. (03 33 66) 53 80 80 | www.brodowin.de

Brandenburg schönste Ruine war einst ein Zisterzienserkloster

33 Gransee

Luises letzte Rast

Gransee „war eine feste Stadt, vielleicht die festeste Stadt der Grafschaft Ruppin", schrieb Theodor Fontane in seinen *Wanderungen durch die Mark Brandenburg*. Und das hat sich bis heute nicht geändert, denn noch immer ist Gransee von einer mächtigen Stadtmauer umgeben. Im Innern findet man eine gut erhaltene, typische preußische Planstadt mit rechtwinkligen Straßen und Karrees. Sie entstand in dieser Form nach einem verheerenden Stadtbrand im Jahr 1711.

Den besten Blick auf die beeindruckende Stadtanlage hat man vom Pulverturm. Von dort oben fällt sofort die gewaltige Stadtkirche St. Marien mit ihren zwei Kirchtürmen und dem monumentalen Giebel auf. Der dreischiffige spätgotische Backsteinbau wurde ab 1220 errichtet.

Die bekannteste Sehenswürdigkeit von Gransee aber ist das von Schinkel entworfene Luisendenkmal auf dem Schinkelplatz, das durch Bürgerspenden finanziert wurde. Es erinnert in Form eines überdachten Sarges an die beliebte Königin Luise von Preußen, die zu ihrer Zeit so etwas wie die „Königin der Herzen" für die Einwohner Preußens war.

Königin Luise (1776–1810) war mit nur 34 Jahren verstorben. Da die Strecke vom Sterbeort in Mecklenburg nach Berlin nicht an einem Tag zu schaffen war, machte der Trauerzug in Gransee Station. Der Sarg mit ihrem Leichnam wurde in der Nacht vom 25. zum 26. Juli 1810 auf dem Markt aufgebahrt. Um daran zu erinnern, wollten Bürger der Stadt ihrer geliebten Königin an dieser Stelle ein Denkmal setzen.

Bahn

- Bahnhof Gransee
- RE stündlich (ab Berlin Hbf 46 Min.)

Auto

- 66 km, ca. 65 Min.

Nicht verpassen

- Das Luisendenkmal auf dem Schinkelplatz
- Das Ruppiner Tor in schönster spätgotischer Backsteinarchitektur
- Die Granseer Sommermusiken in der St.-Marien-Kirche zwischen April und Oktober

Das eindrucksvolle Luisendenkmal auf dem Schinkelplatz

34 Joachimsthal

Wunderbarer Werbellin

Rund 50 Kilometer nordöstlich von Berlin liegt im Biosphärenreservat Schorfheide südlich von Joachimsthal der wunderbare Werbellinsee, einer der tiefsten und fischreichsten Seen Brandenburgs.

Rund um den Werbellinsee erstreckt sich die sanft hügelige, waldreiche Landschaft der Schorfheide, einst Jagdgebiet von Königen, Kaisern und der DDR-Staatselite. Der 13 Kilometer lange und bis zu 60 Meter tiefe See entstand als Rinnsee in der letzten Eiszeit. Glaubt man allerdings einer gern erzählten Legende, verdankt der Werbellinsee seine Entstehung dem Untergang der Stadt Werbellow. Dort soll ein hartherziger Zauberer in einem Schloss gelebt haben, das von einem Wassergraben umgeben war. Eines Tages begehrte eine alte Frau Zutritt zum Schloss, der Schlossherr aber wies sie zurück. Doch die alte Frau verfügte über einen noch stärkeren Zauber als er: Aus Rache ließ sie den Wassergraben überlaufen – und das Schloss und mit ihm die ganze Stadt versanken in einem riesigen See, dem Werbellin.

Wahrscheinlich geht die Sage auf die Existenz früherer Siedlungen im See zurück. So fand man auf dem Seegrund Bootswracks aus frühgeschichtlicher Zeit. Auch Scherben und Pfähle, die auf eine Pfahlhaussiedlung schließen lassen, wurden gefunden. Ebenso ging ein auf Pfählen errichtetes Schloss bei einem Brand um das Jahr 1350 unter.

Pfahlbauten am Wasser findet man heute noch im alten Fischerort Altenhof. Dort kann man in der Alten Fischerei frischen Fisch direkt am See verspeisen.

Bahn

- Bahnhof Joachimsthal-Kaiserbahnhof
- RB stündlich ab Eberswalde (Fahrzeit ab Berlin Ostkreuz mit Umsteigen in Eberswalde 66 Min.)

Auto

- 76 km, ca. 80 Min.

Nicht verpassen

- Im Werbellinsee baden, unter anderem an der Badewiese Am Stein in Joachimsthal, Seerandstraße
- Frischen Fisch essen direkt am Wasser in der Alten Fischerei in Altenhof *www.altenhof-werbellinsee.de*
- Über den See schippern *www.reederei-wiedenhoeft.de*

Der Werbellinsee hat meist klares Wasser und ist bis zu 60 Meter tief

Die schöne Badewiese *Am Stein* liegt bei Joachimsthal

35

Lübben

Mit oder ohne Kahn

Die Kleinstadt Lübben ist eines der Tore zum Spreewald. Hier hat man die Wahl zwischen einer klassischen Kahn-Partie, einer Kanutour und vielen anderen Aktivitäten rund ums Wasser.

Gegründet wurde Lübben im 12. Jahrhundert. Die spätgotische Paul-Gerhardt-Kirche im Stadtzentrum ist nach einem der bedeutendsten Kirchenlieddichter benannt, der hier um 1670 Pfarrer war. Läuft man entlang der alten Stadtmauer, kommt man zum Brückenplatz an der Spree mit einem ehemaligen Wiekhaus.

Zentrum der touristischen Aktivitäten ist die Schlossinsel. Auf dem Eiland an der Spree mit dem prächtigen Renaissanceschloss und dem spätmittelalterlichen Wehrturm findet man neben einem Infozentrum den großen Kahnfährhafen. Besonders für Familien und Kinder gibt es auf der Schlossinsel tolle Erlebnisbereiche wie den Wasserspielplatz mit Wasserfall und echtem Holzfloß oder den Garten der Sinne. Auch ein Hügellabyrinth und einen Klanggarten kann man entdecken.

Südlich der Schlossinsel und mit dieser über eine 107 Meter lange Brücke verbunden, liegt direkt an der Spree die *SpreeLagune,* eine schöne Naturbadestelle.

Doch auch eine klassische Spreewaldtour per Kahn oder Kanu kann man von Lübben aus unternehmen. Das schönste Ziel dafür ist das Spreewalddorf Schlepzig, das man über die romantische Fließlandschaft des Spreewaldes erreicht.

Bahn

- Bahnhof Lübben
- RE stündlich (ab Berlin Hbf 58 Min.)

Auto

- 88 km, ca. 75 Min.

Nicht verpassen

- Die *SpreeLagune* entern
- Die Schlossinsel erkunden
- Eine Kanutour im Spreewald unternehmen

Das Lübbener Schloss liegt auf einer Insel in der Spree

Von Lübben lässt sich der Spreewald am besten auf dem Wasser erkunden

36 Lübbenau

Wo der Spreewald am typischsten ist

Manchmal sehnen sich auch Großstädter nach Stille und Natur. Berliner und Berlinerinnen sind dann im Spreewald richtig, wo Störche brüten, Frösche quaken und die Uhren irgendwie anders zu ticken scheinen. Mit seinen Auen- und Moorlandschaften und dem dunkeldichten Wald ist der Spreewald als Biosphärenreservat geschützt. Straßenlärm kann man hier leicht hinter sich lassen und sich berauschen an einer ganz anderen Geräuschkulisse – es summt und quakt, flattert, schnattert und klappert.

Hier, wo sich der Fluss, der später Berlin erreicht, in unzählige Arme verästelt, verbinden Wasserstraßen die kleinen Orte. Neben den natürlichen Wasserläufen gibt es von Menschenhand geschaffene Kanäle – die Fließe. Bis weit ins 20. Jahrhundert hinein waren flache Holzboote Hauptverkehrsmittel der Spreewälder. Auch heute benutzt man die Spreewaldkähne noch, um Briefe und Päckchen auszuliefern, um die Gemüseernte von entlegenen Feldern zu holen. Vor allem aber sind sie eine Touristenattraktion.

Am Hafen des Städtchens Lübbenau legen die Kähne zu Ausflugsfahrten ab. Beinahe lautlos gleiten sie auf den flüssigen Straßen dahin. Schwung bekommen sie allein durch die Bewegungen des Fährmanns, der sich mit einer Stocherstange vom Grund des flachen Wassers abstößt. Wer mag, kann die Landschaft auf eigene Faust per Kanu oder Paddelboot erkunden.

Beliebtes Ausflugsziel ist die *Wotschofska*, eines der ältesten

Bahn

- Bahnhof Lübbenau
- RE stündlich (ab Berlin Hbf 65 Min.)

Auto

- 100 km, ca. 80 Min.

Nicht verpassen

- Mit einem Spreewaldkahn durch die Fließlandschaft staken lassen
- Durch das Museumsdorf Lehde streifen
- Die Gurkenmeile am Großen Hafen besuchen

Der Spreewald hat viele idyllische Orte

Dieser Spreewaldkahn steht zu einer gemütlichen Kahntour bereit

Gasthäuser der Gegend, tief drinnen im Spreewald gelegen. „Wotschofska“ ist Wendisch und bedeutet Erleninsel. Wer hier von Bord geht, lässt sich im Holzhaus oder im lauschigen Garten Wildgerichte oder Spree-Fisch schmecken, stärkt sich mit Kuchen und Kaffee oder genießt ein kühles Bier. An Schönwetter-Wochenenden ist das Idyll auf der Erleninsel bisweilen überlaufen, besser ist es, an einem anderen Wochentag zu kommen.

Zurück am Hafen von Lübbenau lädt die Gurkenmeile zum Kosten und Kaufen ein. Gewürz- und Senfgurken sind eine Spreewald-Spezialität. Schon Theodor Fontane fand lobende Worte für die sauren Delikatessen, die bereits Ende des 19. Jahrhunderts von Lübbenau „in alle Welt“ exportiert wurden.

Lust auf mehr? Mit dem Fahrrad oder zu Fuß lässt sich das Freilandmuseum im Lübbenauer Ortsteil Lehde erreichen. Vier Original-Spreewaldhöfe wurden an anderer Stelle abgetragen und hier nebeneinander aufgebaut. Ein Rundgang durch das Dorf ist eine Zeitreise. Unvorstellbar scheint es heutigen Besuchern, dass in den kleinen Häusern mehrere Generationen unter einem Dach lebten, eine einzige Stu-

In der Fließlandschaft des Spreewalds

be teilten, in der gegessen, geschlafen, gespielt, geliebt und gestorben wurde. Auch über die Sprachen, die einst hier, in der slawisch geprägten Niederlausitz, gesprochen wurden, kann man einiges erfahren – und über die Sagen, die sich die Menschen erzählten, bevor Elektrizität und Massenmedien in den Alltag Einzug hielten.

Die Sorben, eine ursprünglich westslawische Ethnie, hat die Kultur in der Niederlausitz über Jahrhunderte entscheidend mitgeprägt. Bis heute halten Sorben ihre Traditionen hoch. Dazu gehört das kunstvolle Verzieren von ausgeblasenen Eiern als Osterschmuck. Zu Ostern, wenn das Museum nach der Winterpause seine Tore öffnet, kann man Unmengen dieser zerbrechlichen Kunstwerke bestaunen und sich selbst im Ornamentieren der Eier üben. Die ganze Saison hindurch können Besucher sich beim Melken, Kahnbauen und Holzschuhlaufen ausprobieren. Müssen sie natürlich nicht. Es ist völlig in Ordnung, sich einfach zurückzulehnen, Kaffee und Kuchen zu bestellen und die museale Szenerie ganz entspannt auf sich wirken zu lassen.

| *Susanne Kilimann*

37 Neuruppin

Die preußische Musterstadt

Wer nicht schon in der Schule oder später Theodor Fontanes Werke, beispielsweise die *Wanderungen durch die Mark Brandenburg*, gelesen hat, sollte das spätestens vor dem Besuch in Neuruppin nachholen. Denn in der 30 000-Einwohner-Stadt dreht sich alles um ihren bedeutenden Sohn: Am Fontane-Platz thront unübersehbar das Fontane-Denkmal, in der Löwen-Apotheke, seinem Geburtshaus, wird im Schaufenster über den Dichter informiert, das Alte Gymnasium rühmt sich seines bekanntesten Schülers. Es werden Fontane-Festspiele veranstaltet und der Fontane-Preis verliehen – überhaupt heißt die ganze Stadt seit 1998 offiziell Fontanestadt.

Der Dichter hätte den Rummel wohl merkwürdig gefunden, denn er selbst war nie ein großer Fan seiner Geburtsstadt, sie war dem Freigeist zu preußisch. Letzteres macht heute den besonderen Reiz von Neuruppin aus: Die Stadt ist eine sehenswerte, streng rechtwinklig angelegte preußische Modellstadt mit drei riesigen quadratischen Plätzen.

Und es gibt mehr zu sehen als die zeitweiligen Wohn- und Wirkungsstätten des Dichters. Etwa das Wahrzeichen Neuruppins, die Klosterkirche St. Trinitatis, die nach den Plänen eines anderen berühmten Sohnes der Stadt, des preußischen Baumeisters Karl Friedrich Schinkel, restauriert wurde.

Ganz ohne Dicht- und Baukunst können Besucher die Lage der Stadt am Ruppiner See genießen. Auf dem längsten See Brandenburgs verkehren Ausflugsboote, man kann Kanus mieten, und der Entspannung dient ein Besuch in der am Ufer gelegenen Therme, die – wen wundert's – den Namen *Fontane Therme* trägt.

| *Bernhard Mogge*

Bahn

- Bahnhof Neuruppin
- S-Bahn ab Berlin Friedrichstraße nach Hennigsdorf, weiter mit RE (ab Berlin Friedrichstraße 71 Min.)

Auto

- 73 km, ca. 70 Min.

Nicht verpassen

- Fontanes Wohn- und Wirkungsstätten besichtigen
- Das neue Museum Neuruppin besuchen
- In der *Fontane Therme* entspannen
- Einen Bootsausflug auf dem Ruppiner See machen

Neuruppin liegt am gleichnamigen See

Theodor Fontane war ein Neuruppiner

38 Neuzelle

Barocke Pracht & Klosterbier

Manch einer reibt sich beim ersten Anblick der Klosteranlage von Neuzelle verwundert die Augen: Hier, am östlichsten Rand von Brandenburg, erhebt sich über den Oderwiesen ein strahlend schönes Barockensemble.

Als das Zisterzienserkloster im Jahr 1268 gegründet wurde, spielten auch wirtschaftliche und machtpolitische Überlegungen eine Rolle. Dem Stifter, Markgraf Heinrich dem Erlauchten, ging es darum, seine Herrschaft im Siedlungsgebiet der Sorben dem Christentum zu erschließen – und wirtschaftlich zu nutzen.

Im Lauf der Jahrzehnte und Jahrhunderte entstanden nach und nach die großartigen Gebäude der Zisterzienserabtei, oft wurde um- und neugebaut. Besucher staunen heute vor allem über die prachtvollen Kirchen im süddeutschen Barockstil. Solche Stuckgirlanden und Deckenfresken kennt man sonst nur aus bayerischen Gotteshäusern. Für die opulente Ausstattung der Kirchen sind böhmische Künstler verantwortlich. Die Stiftskirche St. Marien, einst gotisch, ist eine der schönsten Barockkirchen Deutschlands. Und die Kreuzkirche beeindruckt mit einem riesigen Fresko in der Kuppel.

Seit einigen Jahren leben wieder Mönche in der Abtei, die zuvor 200 Jahre lang säkular war. Aber immer schon drehte sich in Neuzelle alles um die Abtei, die in den letzten Jahren aufwendig restauriert – und besucherfreundlich kommerzialisiert wurde. Ebenso bedeutend wie das Kloster ist der Barockgarten mit der Orangerie, einer der schönsten in Deutschland. | *Bernhard Mogge*

Bahn

- Bahnhof Neuzelle
- RE mind. 1x stündlich nach Frankfurt (Oder), weiter mit RB bis Neuzelle (ab Berlin Hbf ca. 99 Min.)

Auto

- 132 km, ca. 105 Min.

Nicht verpassen

- In den beiden Klosterkirchen über die barocke Pracht staunen
- Im Himmlischen Theater die Passionsdarstellungen bewundern
- Den spätgotischen Kreuzgang beschreiten
- In der Klosterbrauerei den *Schwarzen Abt* oder eines der 40 anderen Biere probieren

Strahlend schön: Kloster Neuzelle

39 Niederfinow

Schiffe, die Fahrstuhl fahren

Was für ein Spektakel: Egal ob Frachtschiff, Flusskreuzfahrtschiff, Motorjacht oder Segelboot – alle Wasserfahrzeuge auf dem Oder-Havel-Kanal müssen bei Niederfinow in die Wanne. In dem mit Wasser gefüllten Trog werden sie dann an 256 Drahtseilen entweder 36 Meter in die Tiefe oder in die Höhe gehievt. Hinunter in die Ebene des Oderbruchs oder hinauf auf das Plateau des Barnim-Hügels. Dieses spektakuläre Schauspiel kann man im Schiffshebewerk Niederfinow live erleben.

Die gewaltige, 60 Meter hohe und 94 Meter breite Anlage dominiert die Landschaft schon von Weitem. Als sie 1934 eröffnet wurde, waren 13 000 Tonnen Stahl und 72 000 Kubikmeter Beton verbaut worden. Für Besucher des Schiffshebewerks wurde oben eine umlaufende Galerie gebaut. Von dort kann man nicht nur der jeweils 20-minütigen Schleusung zuschauen, sondern hat auch einen fantastischen Ausblick auf die Oderebene.

Aber es kommt noch dicker: Weil das Schiffshebewerk dem zunehmenden Verkehr auf dem Oder-Havel-Kanal, einer der wichtigsten Wasserstraßen Europas, nicht mehr genügt, entsteht direkt daneben ein neues, noch größeres Schiffshebewerk. Es soll bis 2025 das alte ersetzen. Dann werden noch größere Schiffe in kürzerer Zeit passieren können.

Bahn

- Bahnhof Niederfinow
- RB alle 60–120 Min. ab Eberswalde (Fahrzeit ab Berlin Hbf mit Umsteigen in Eberswalde ab 72 Min.), 20 Min. Fußweg

Auto

- 72 km, ca. 82 Min.

★ Schiffshebewerk Niederfinow

Sommer tgl. 9.30–17.30, Winter 19–16 Uhr

Hebewerkstraße 52 | 16248 Niederfinow | Tel. (03 33 62) 7 13 77 | www.schiffshebewerk-niederfinow.info

Blick vom Schiffshebewerk in die Oder-Ebene

Das Schiffshebewerk ist 60 Meter hoch

40 Paretz

Königin Luises Lieblingsschloss

Hier verbrachte Königin Luise von 1797 bis 1805 ihre glücklichsten Tage. Immer im Sommer kamen Luise und Friedrich Wilhelm III. mit ihren Kindern ins Paretzer Schlösschen. Fernab der höfischen Etikette genossen sie in der abgeschiedenen Idylle der Havellandschaft ein unbeschwertes Familienleben.

Bis heute ist das Dörfchen Paretz mit seinem Schloss ein wahr gewordener Traum von einem königlichen Sommersitz in Einklang mit der Natur und den Menschen. Das Schloss, das von außen eher aussieht wie ein großes Gutshaus, ist Teil eines Modelldorfes mit Kirche, Parks, Wohn- und Arbeitsgebäuden. Entlang des Werderdamms ließ der Architekt David Gilly ein preußisches Musterdorf entstehen, in dem Landwirtschaft nach den damals modernsten Erkenntnissen praktiziert werden sollte. Der Schlosspark ist bis heute ein Refugium der Ruhe, in dem der Wind die einzige Lärmquelle zu sein scheint. Im Innern des Schlosses kann man die Gemächer der königlichen Familie bewundern.

Gut zwei Kilometer entfernt von Paretz liegt das ehemalige Fischerstädtchen Ketzin an der Havel. Zwar gibt es mittlerweile nur noch einen aktiven Fischhof, doch der Ort mit den hübschen, alten Gassen, einer Promenade an der Havel und schönem Strandbad lohnt auf jeden Fall den Besuch.

Die stilvollste Anreise nach Paretz und Ketzin führt über den Havelradweg von Werder bis zur Ketziner Fähre, wo man ans andere Ufer übersetzt – und sich sofort wie in einer anderen Welt fühlt.

Bahn

- Bahnhof Wustermark
- RE stündlich (ab Berlin Hbf ca. 30 Min.), dann Bus bis Paretz (Fahrzeit insgesamt: ca. 60 Min.)

Auto

- 46 km, ca. 65 Min.

Nicht verpassen

- Das Schloss mit der königlichen Einrichtung besichtigen
- Die Ruhe im Schlosspark genießen
- Das Musterdorf bestaunen
- Das Fischerdorf Ketzin besuchen
- Eine schöne Radtour ab Werder (Havel) auf dem Havelradweg bis Fähre Ketzin (ca. 50 Min.) machen

Das Paretzer Schloss war eine Sommerresidenz

Im Fischerviertel von Ketzin

41

Rheinsberg

Ein Schloss für Verliebte & Glückliche

Claire und Wolfgang reisen von Berlin nach Rheinsberg. Sie sind bis über beide Ohren verliebt, geben sich schicklich als „Ehepaar Gambetta" aus und genießen den Ausflug mit Bootstouren, Stadt- und Schlossbesichtigung und Kinobesuch. Nachzulesen in Kurt Tucholskys 1912 erschienener Erzählung *Rheinsberg – Ein Bilderbuch für Verliebte.*

Man muss nicht unbedingt verliebt sein, um Schloss und Stadt genießen zu können. Das von Wassergräben umgebene Wahrzeichen der Stadt am Grienericksee ist aufwendig restauriert worden, die Räume im frühklassizistischen Stil vermitteln einen Eindruck von der Wohnkultur und dem Lebensgefühl der einstigen Besitzer. Das im Schloss untergebrachte Kurt Tucholsky Literaturmuseum dokumentiert Leben und Werk des kritischen Dichters und Publizisten der Weimarer Republik. Sein Schreibtisch ist zu sehen, außerdem Briefe, Fotos und Bücher. Tucholsky starb unglücklich 1935 im schwedischen Exil. Glücklicher war wohl Friedrich der Große, zumindest in seinen Rheinsberger Jahren als Kronprinz, die er angeblich als die schönsten seines Lebens bezeichnete.

Lohnend ist auch ein Bummel durch den historischen Schlosspark mit seinen Statuen, Blumenbeeten, Zierbauten und der Orangerie. Radfahrer, Wanderer und Bootstouristen kommen in der abwechslungsreichen Umgebung Rheinsbergs und der Mecklenburgischen Seenplatte auf ihre Kosten. | *Bernhard Mogge*

Bahn

- Bahnhof Rheinsberg (Mark)
- RB mehrmals täglich ab Berlin Gesundbrunnen (ca. 90 Min.)

Auto

- 88 km, ca. 85 Min.

Nicht verpassen

- Auf Claires und Wolfgangs Spuren im Schlosspark spazieren
- Ein Konzert in der mittelalterlichen St.-Laurentius-Kirche besuchen
- Im Keramikmuseum etwas über die Geschichte der berühmten Rheinsberger Teekanne lernen

Schloss Rheinsberg liegt malerisch am Grienericksee

42 Templin

Perle der Uckermark

In Templin stellt sich schnell Urlaubsstimmung ein. Die lebendige Kleinstadt mit dem hübschen historischen Stadtkern liegt in traumhafter Landschaft – der sanfthügeligen, weithin unberührten Uckermark mit ihren Seen, Wiesen und Wäldern.

Besonders stolz sind die Templiner auf ihre Stadtmauer. Das Bauwerk aus dem 13. Jahrhundert ist bis zu sieben Meter hoch und aus Feldsteinen gebaut. Mit ihren Toren, Türmen und Tortürmen sowie Wiekhäusern bildet die Stadtmauer einen über 1,7 Kilometer langen, fast lückenlosen Ring um die Altstadt. Diese wurde nach dem letzten großen Brand im Jahr 1735 komplett neu aufgebaut und hat einen streng rechtwinkligen Grundriss.

Absoluter Mittelpunkt ist der große, quadratische Marktplatz, umgeben von einer Lindenallee sowie Cafés und Geschäften. Einst fanden hier Jahr- und Viehmärkte statt. Mitten auf dem Marktplatz steht das auffälligste Gebäude der Altstadt: das historische Rathaus, das 1751 wiederaufgebaut wurde. Als Rathaus wird es heute nicht mehr genutzt, dafür ist im Erdgeschoss die Tourist-Information eingezogen.

Seit der Eröffnung der *NaturTherme* ist Templin auch ein staatlich anerkanntes Thermalsoleheilbad. Von Templin bieten sich in alle Richtungen wunderschöne Ausflüge an. Noch im Stadtgebiet liegt der flussartige Lübbesee mit großem Hotel und Strandbad. Die alte Flößerstadt Lychen lässt sich herrlich mit dem Fahrrad oder einer Draisine erreichen.

Bahn

- Bahnhof Templin Stadt
- RB stündlich (ab Berlin Ostkreuz 91 Min.)

Auto

- 92 km, ca. 95 Min.

Nicht verpassen

- Entlang der Stadtmauer die Altstadt umrunden
- Eine Schiffsrundfahrt auf dem Templiner Seenkreuz unternehmen
- Sich in der *NaturTherme* verwöhnen lassen

Strandfeeling am Lübbesee bei Templin

Templin liegt wundervoll von Grün umgeben in der Uckermark

43

Wittenberge

Stadt am Strom

Die Elbe war lange die Lebensader von Wittenberge. Heute wendet sich die Stadt, die auf halbem Weg zwischen Berlin und Hamburg liegt, wieder dem Fluss zu: Auf alten Fabrikgeländen am Elbufer zieht neues Leben ein, Co-Working-Spaces entstehen, Kulturprojekte und Gastronomie finden hier Raum.

Bis dahin war es allerdings ein weiter Weg. Wittenberge hat seit der Wende ein Drittel seiner Einwohner verloren, jetzt leben noch 17 000 Menschen dort. Die Veritas-Nähmaschinenfabrik, die Märkischen Ölwerke, aber auch kleinere Betriebe wie die Molkerei und die Brauerei mussten schließen. Von den einstigen Großbetrieben hat nur das Bahn-Ausbesserungswerk überlebt.

Doch allmählich entdecken Pionier-Zuzügler und Rückkehrer die Stadt. Seit 2019 werden gezielt Laptop-Arbeiter angelockt. In der alten Ölmühle ist ein Zentrum für Kreative entstanden, das nicht nur den Projektteilnehmern, sondern auch den Wittenbergern offensteht.

Und Wittenberge hat Atmosphäre zu bieten. Neben den Gebäuden aus dem 19. und 20. Jahrhundert gibt es auch einige Fachwerkhäuser. Viele wurden saniert, einige befinden sich allerdings noch in einem ruinösen Zustand. Die malerischen Ecken und Winkel der Stadt dienten schon als Filmkulissen, beispielsweise entstanden Teile des Spielfilms *Yella* mit Nina Hoss in Wittenberge.

Nach einem Stadtrundgang sollte man unbedingt in den idyllischen Ort Rühstädt radeln, der den Titel „Europäisches Storchendorf“ für sich beansprucht. | *Christian Nowak*

Bahn

- ICE, IC und RE ca. stündlich (ab Berlin Hbf 48 Min. mit dem ICE)

Auto

- 174 km, ca. 135 Min.

Nicht verpassen

- Die Erlebnisgastronomie, Sportmöglichkeiten und das Hotel in der denkmalgeschützten ehemaligen Ölmühle
- Das Rathaus im Stil des Historismus anschauen
- Die Stadtgeschichte im Steintor, dem ältesten Gebäude der Stadt nachvollziehen

Störche im Storchendorf Rühstädt

Am Hafen von Wittenberge

44

Wünsdorf-Waldstadt

Zwischen Bunkern & Büchern

Wünsdorf-Waldstadt war bis 1994 die größte sowjetische Militärstadt in Deutschland. Zeitweise lebten hier unter hohen Kiefern 40 000 Menschen in einer streng abgeschirmten Welt mit eigenen Geschäften, Kulturhäusern, Sportanlagen.

Heute sind die meisten Kasernen und Offiziershäuser zu Wohnungen und Gewerberäumen umgebaut. Manches blieb nach dem Abzug der Armee jedoch erhalten: Am ehemaligen Haus der Offiziere grüßt ein überlebensgroßer Lenin, an anderer Stelle blickt ein steinerner Flieger von seinem Sockel optimistisch in den Himmel.

Wünsdorf war schon vor der DDR-Zeit Militärstandort. So stammen die auf dem Gelände verteilten Spitzbunker, die wie in die Erde gerammte Raketen aussehen, aus der Nazi-Zeit. Gruselige Sehenswürdigkeiten sind heute die monströsen Bunkeranlagen, die für das Oberkommando des Heeres errichtet und später von der Roten Armee als Atomschutzbunker genutzt wurden. So kann man unter anderem im Rahmen einer Führung den riesigen Bunker *Zeppelin* besichtigen, der in mehreren unterirdischen Etagen Kommando- und Schlafräume, Werkstätten und Schießstände beherbergte.

Neben den historischen Bunkern ist vor allem die Bücherstadt ein Grund, nach Wünsdorf zu kommen. Im ehemaligen Badehaus und den angrenzenden Pferdeställen der Garnisonstadt kann man in vielen Antiquariaten nach alten und seltenen Büchern aller Preisklassen stöbern.

Bahn

- Bahnhof Wünsdorf-Waldstadt
- RE oder RB alle 30–60 Min. (Fahrzeit ab Berlin Hbf 56–66 Min.) und 40 Min. Fußweg oder Bus ab Bahnhof

Auto

- 50 km, ca. 65 Min.

Nicht verpassen

- Eine Bunkerführung machen
- In der Bücherstadt stöbern

Bücher- und Bunkerstadt Wünsdorf
Gutenbergstraße 1 |
15806 Zossen (OT Wünsdorf/ Waldstadt) |
Tel. (03 3702) 96 00 |
www.buecherstadt.com |
Montags geschlossen

Gesprengter Bunker in der Waldstadt

Inspiration tanken

Wunderbare Orte, höchstens 99 Minuten von Berlin entfernt

45 Burg Stargard

Eine Burg ohnegleichen

Burg Stargard ist ein verträumtes Landstädtchen mit einigen alten Fachwerkhäusern und holprigen Kopfsteinpflasterstraßen, eingebettet in eine waldreiche, hügelige Landschaft. Doch vermutlich nur wenige würden hier einen längeren Stopp einlegen, wenn nicht oberhalb der Häuser eine trutzige Backsteinburg thronen würde, die dem Städtchen den Namen gab. Dieser lässt sich von „stari grad", was so viel wie „alte Burg" bedeutet, herleiten. Erbaut vor mehr als 750 Jahren ist sie heute die nördlichste Höhenburg Deutschlands und das älteste weltliche Bauwerk in Mecklenburg-Vorpommern.

Bauherren waren die Markgrafen Johann I. und Otto III. von Brandenburg. Später diente die Burg, die immer wieder umgestaltet und ergänzt wurde, den Stargarder Herzögen als Residenz. Durch das Torhaus kommt man in die Vorburg, rechter Hand liegt der Marstall. Im oberen Hof befinden sich unter anderem das Herrenhaus, der 35 Meter hohe Bergfried und das Gebäude der ehemaligen Münzprägestätte, heute Gaststätte und Hotel. Vom Bergfried aus bietet sich ein weiter Blick in die Umgebung. In der Burgschneiderei im ehemaligen Herrenhaus werden mittelalterliche Kostüme genäht, die man für festliche Hochzeiten auf der Burg ausleihen kann. Im Wurz- und Krautgarten mit seinen Hochbeeten werden Pflanzen, Kräuter, Samen und Brotaufstriche verkauft.

Die schönsten Ausblicke auf Burg, Altstadt und die weite, hügelige Landschaft bekommt man auf dem sechs Kilometer langen Sieben-Berge-Rundweg. Er beginnt und endet am Bahnhof, führt über den 95 Meter hohen Burgberg und weitere Hügel der Stadt.

| *Christian Nowak*

Bahn

- Bahnhof Burg Stargard
- RE alle 2 Std. (ab Berlin Hbf 99 Min.)

Auto

- 135 km, ca. 120 Min.

Nicht verpassen

- Die Sommerrodelbahn hinuntersausen
- Die Ausstellung im ehemaligen Haus der Malerin Marie Hager anschauen
- Zum Burgfest Mitte August in einem Mittelalterkostüm erscheinen

Auf einem Berg über der Stadt thront die mittelalterliche Burg

46 Dessau

Bei den Meistern der Moderne

Vom Bahnhof aus ist es nur ein kurzer Fußweg, dann steht man vor den schnörkellosen Häusern mit Flachdach. Hier lebte und arbeitete die Architektur- und Design-Avantgarde der 1920er-Jahre – Walter Gropius, Ludwig Mies van der Rohe, Wassily Kandinsky, Lyonel Feininger und László Moholy-Nagy. In ihren Dessauer Ateliers schufen sie Möbel aus neuartigen Materialien für eine neue Zeit. Das wohl berühmteste Stück ist der Stuhl ohne Beine, der legendäre *Freischwinger* aus Stahlrohr nach dem Entwurf von Marcel Breuer. Längst ist er eine Ikone der Moderne, die sich ihren Platz in stilsicher durchgestylten Geschäfts- und Privaträumen erobert hat.

Walter Gropius hatte das Bauhaus, die legendäre Kunstschule, 1919 in Weimar gegründet. Dass sie sechs Jahre später in Dessau landete, hatte politische Gründe. Die Bauhäusler galten als links und intellektuell „internationalistisch“. Das kam bei den Vertretern der politisch rechten, national eingestellten Parteien der Weimarer Republik gar nicht gut an. Nach der Thüringer Landtagswahl 1924 verschoben sich die Machtverhältnisse zugunsten der Rechten. Dem Bauhaus wurden die Zuschüsse gekürzt, die Kunstschule sah sich vor dem Aus. Andere Städte, darunter Dessau, boten Standorthilfe und finanzielle Unterstützung an.

1926 eröffnete Bauhausdirektor Walter Gropius das Bauhausgebäude in der Elbestadt. Der vollständig verglaste Werkstattflügel sorgte für besonderes Aufsehen. Architektur, die derart auf Licht und Transparenz setzte, war geradezu unerhört neu.

Bahn

- Dessau Hbf
- RE alle zwei Std. ab Berlin Hbf (Fahrzeit 99 Minuten)

Auto

- 124 km, ca. 90 Min.

Bauhaus Museum

Das 2019 eröffnete Museum in der Dessauer Innenstadt beeindruckt schon mit seiner transparenten Architektur – einem schwebenden Riegel aus Stahl in einer gläsernen Hülle.

Mies-van-der-Rohe-Platz 1 | 06844 Dessau-Roßlau | www.bauhaus-dessau.de | Tgl. 10–17 Uhr

Die Meisterhäuser zählen zum Weltkulturerbe der UNESCO

Das Bauhausgebäude ist eine Designikone

Ganz in der Nähe der Kunstschule wurden zur gleichen Zeit auch die *Meisterhäuser* auf eine Lichtung gesetzt. Diese schlichten, kubistischen Baukörper wurden ebenfalls von Gropius entworfen, als Wohn- und Ateliergebäude für Lyonel Feininger, Oskar Schlemmer und andere Lehrkräfte an seinem Institut. Sie waren aber auch als Musterhäuser gedacht, sollten breitere Bevölkerungsschichten für die neue Form des Bauens und Wohnens begeistern.

1932 hatte die NSDAP in Dessau das Sagen und setzte die Schließung des Bauhauses durch. Ein weiteres Jahr konnten die Meister der Moderne noch in Berlin wirken, dann wurde das Ende der deutschen Avantgarde von den Nazis endgültig besiegelt. Die Bauhaus-Künstler emigrierten, bauten anderswo, in Israel und in den USA, ihre neuen weißen Wohnwelten.

Immerhin haben sie in den sieben Dessauer Jahren so viel von der gebauten Aufbruchstimmung der „Roaring Twenties" hinterlassen, dass man noch heute dem Avantgarde-Zeitgeist von damals nachspüren kann. Die lichtdurchflutete Wirkungsstätte präsentiert die Protagonisten, ihre Ideen und Werke, in wechselnden Ausstellungen.

Das neue Bauhaus Museum in Dessau

Im Ateliergebäude sind heute Übernachtungsgäste willkommen. Zu Bauhauszeiten wurden die 28 Räume den „Jungmeistern“ der Kunstschule und besonders guten Studenten zur Verfügung gestellt. Auf 24 schlicht und funktional ausgestatteten Quadratmetern konnten sie sich häuslich einrichten. In einigen dieser Mini-Apartments stehen heute die Möbel, die ihre ehemaligen Bewohner entworfen haben. Die sanitären Anlagen befinden sich auch heute noch im Gemeinschaftsbad auf dem Gang. So viel Authentizität muss sein. | *Susanne Kilimann*

Bauhausgebäude

Gropiusallee 38 |
06846 Dessau-Roßlau |
www.bauhaus-dessau.de

Meisterhäuser

Ebertallee 59–71 |
06846 Dessau-Roßlau

Ateliergebäude

Gropiusallee 38 |
06846 Dessau-Roßlau

47 Erfurt

Beim Brückenschlendern durch die Zeiten reisen

Wie goldene Kronen mit langen, spitzen Zacken ragen St.-Marien-Dom und Severikirche mit ihren hohen Türmen vom Domberg in den frühen, königsblauen Abendhimmel. Das Laternenlicht, das sie umhüllt, lockt Vögel, die nicht schlafen wollen. Auf einer Linde im Lampenschein singt eine Amsel. Hin und wieder landet eine Duftbotschaft aus einem Küchenfenster in der Nase und inspiriert zum Restaurantbesuch. In der blauen Stunde durch Erfurts Altstadt zu spazieren, ist ein Fest für alle Sinne.

Bevor es richtig dunkel wird, kommen die beleuchteten Fassaden der historischen Gemäuer (darunter die von 27 Kirchen) am malerischsten zur Geltung. Auch die mittelalterliche Krämerbrücke mit ihren hübschen Fachwerkhäusern zeigt sich – effektvoll angestrahlt – in dieser Tageszeit von ihrer schönsten Seite.

Das einzigartige Ensemble, mit 125 Metern die längste durchgängig bebaute und bewohnte Brücke in Europa, ist ein Wahrzeichen der alten thüringischen Universitäts- und Handelsstadt. Anstelle eines Holzkonstrukts, anno 1117 zum ersten Mal erwähnt, wurde 1325 diese steinerne Flussüberquerung zwischen Benediktsplatz und Wenigemarkt geschaffen. Unter ihren Tonnengewölben plätschert immer noch der Breitstrom, ein Nebenarm des Flüsschens Gera. Von den beiden Kirchen an den Brückenköpfen blieb nur die östliche, St. Ägidien, erhalten.

Dazwischen standen einst nur kleine Holzverschläge – Buden, in denen Händler ihren „Kram“ feilboten. So nannte man die hochwertige

Bahn

- Erfurt Hbf
- 18 Zugverbindungen (6.30–16.30 Uhr mehr als einmal stündlich) täglich ab Berlin Hbf (Fahrzeit 107 Min.)

Auto

- 286 km, ca. 210 Min.

Nicht verpassen

- Vom Turm der Ägidienkirche auf die Dächer der Krämerbrücke schauen
- Das Museum Brückenhaus besichtigen, tgl. 10–18 Uhr

  Krämerbrücke 21 | 99084 Erfurt | Tel. (03 61) 6 54 83 81

- Das Krämerbrückenfest am dritten Wochenende im Juni mitfeiern

Dom und Severikirche bilden auf dem Domberg ein einzigartiges Ensemble

Am Fischmarkt stehen einige prächtige Patrizierhäuser aus der Renaissance

Ware, nicht Alltägliches, das oft aus fernen Ländern stammte. Nach dem Brand von 1472 entstanden auf der Brücke 62 superschmale, dreistöckige Häuschen. Mit der Zeit wurden die 32 heutigen daraus. Im Erdgeschoss hatten die Krämer ihre Läden, oben drüber wohnten sie mit den Familien.

Der Mikrokosmos dieses ganz speziellen Teils der Stadt galt schon vor Jahrhunderten als Besonderheit. Die ergab sich aus dem Bauwerk selbst, doch gleichfalls aus dem Hauch von großer, weiter Welt, der durch die nur 5,50 Meter breite Brückengasse wehte. Hier sah und hörte, roch und schmeckte man nicht nur unbekannte feine wie auch merkwürdige neue Dinge, hier traf man auch Menschen aus aller Herren Länder. Der Grund: Die Krämerbrücke lag auf der berühmten Via Regia – Pilgerweg und Handelsroute zwischen West und Ost. Wer etwa von Paris nach Moskau oder Kiew reiste, musste dieses Nadelöhr passieren.

Längst ist die Krämerbrücke für den Normalverkehr gesperrt. Wer sie betritt, spürt sofort die angenehm entspannte Atmosphäre hier. Wie von selbst passt man sich an und genießt das Schlendern übers Kopfsteinplaster – von Haus zu Haus, zwi-

Die Krämerbrücke ist die längste durchgehend mit Häusern bebaute Brücke Europas.

schen Cafés von einem Krämerladen zum nächsten. Außer den schmuck sanierten Bauten selbst gibt es jede Menge zu bestaunen und entdecken.

Ganz gleich, ob Kunst und Kunsthandwerk, Bücher, Spielzeug oder regionale Lebensmittel: Kaum etwas von dem, das hier gehandelt wird, ist anderswo zu finden. Manches, wie die wunderbaren Theaterpuppen von Martin Gobsch oder die einzigartige *Goldhelm*-Schokolade mit handgeschriebenen und -gezeichneten Etiketten, wird sogar direkt auf der Brücke hergestellt.

Dazu zählen gleichfalls die textilen Kostbarkeiten von *Erfurter Blau*. Diese kleine Manufaktur hat sich einer uralten Erfurter Tradition verschrieben: der Waid-Färberei. Die aus Westasien stammende Pflanze wurde auf den Feldern rund um Erfurt seit dem 9. Jahrhundert angebaut, zum Textilfarbstoff Indigo verarbeitet und in alle Welt verkauft. Textilkünstlerin Rosanna Minelli hat das lange vergessene Handwerk zum Leben erweckt. Sie färbt nicht nur wunderschöne Schals und Tücher, Accessoires und Wohntextilien mit der selbst erzeugten Naturfarbe, sie baut den Waid dazu sogar selber an.

| *Carsten Heinke*

48

Halle (Saale)

Von der Saale an die Themse & zurück

Es geht auf Mittag. An Würstchenwagen, Bäckerbuden, Obst, Gemüse, Blumen klingelt eine Tram vorbei. Der Markt von Halle lebt. Überragt wird er von den „Fünf Türmen“. Vier davon gehören zur spätgotischen Marktkirche. Der fünfte ist der 84 Meter hohe Rote Turm von 1418/1506.

Der große Turmuhrzeiger nähert sich der Zwölf. Einheimische, die sich spaßeshalber selber in Halloren, Hallenser und Hallunken unterteilen, stehen ebenso wie Gäste um den Turm versammelt. Dann, bevor der Stundenschlag ertönt, erklingt *Westminster Quarters,* die Melodie des Parlaments-Uhrturms in London, intoniert von einem unsichtbaren Instrument. Mit seinen 76 Glocken zählt das Carillon im Roten Turm weltweit zu den größten seiner Art. Frei bespielbar erklingen darauf klassische wie auch moderne Werke. Das berühmte Bimbam des Big Ben hört man vor jedem Uhrenschlag per Automatik. Das Motiv dazu stammt aus dem *Messias* von Georg Friedrich Händel (1685–1759).

Der später im Vereinigten Königreich berühmt gewordene Barocktonschöpfer wurde in der Saalestadt geboren und verbrachte hier die ersten 18 Lebensjahre. Sein Bronze-Abbild, das 3,20 Meter hohe Händeldenkmal auf dem Marktplatz, ist der Lieblingstreffpunkt der Hallenser. Spuren hinterließ der Komponist an vielen Stellen. In der Marktkirche wurde er getauft, an der Universität studierte er, am Dom zu Halle war er Organist. Das Wohnhaus seiner Familie ist heute das Musikmuseum Händel-Haus. | *Carsten Heinke*

Bahn

- Halle (Saale) Hbf
- Über 30 Zugverbindungen täglich zwischen 4.30 und 0.30 Uhr, mehr als einmal stündlich, von Berlin Hbf (ICE ab 60 Min.)

Auto

- 168 km, ca. 110 Min.

Nicht verpassen

- Das Musikmuseum in Händels Geburtshaus besichtigen
  Große Nikolaistraße 5 | 06108 Halle (Saale) | https://haendelhaus.de
- Die Händel-Festspiele Ende Mai/Anfang Juni besuchen
- Das Festival *Women in Jazz* im April/Mai entdecken

Händel-Denkmal und Roter Turm

Am Saale-Ufer

49

Leipzig

Bei jedem Wetter schnell mal in die Tropen

Grauer Himmel über Deutschland. Von Sonne keine Spur an diesem kühlen Tag. Wie schön doch ein Urlaub wäre – irgendwo dort, wo es immer warm und grün ist! Kein Problem, unweit von Berlin liegt so ein Ort: *Gondwanaland.* Statt Flug und Visum braucht man dafür nur ein Ticket für den Zug und eins für den Zoo Leipzig. Zu dem gehört Europas größte Tropenhalle. Nicht weit vom Hauptbahnhof ist sie bequem zu Fuß oder per Tram erreichbar.

Hinter der Schleusentür ist ewig Sommer. T-Shirt-Wetter, 25 Grad. Sogar die Luft ist feucht wie in den echten Tropen. Durch eine dunkle Lavatunnelröhre, bewohnt von nachtaktiven Lungenfischen und Tüpfelbeutelmardern gelangt man direkt mitten in den Regenwald. Und staunt.

Ringsum Grün in allen Tönen. Schillernd bunte Vögel, Schmetterlinge und Libellen flattern, schwirren frei umher. Es riecht nach feuchter Erde, Blüten, Laub und Gras. Ein Konzert aus Zwitschern, Pfeifen und Zikadenzirpen. Die schrillen Solostimmen: Affenschreie. Ein Rudel Totenkopfäffchen tobt durchs Geäst – manchmal so nah, dass man sie berühren könnte. Doch das sollte tunlichst lassen, wer die scharfen Zähnchen und kräftigen Zangenfinger der flinken Kletterer nicht spüren will.

Überall gibt es viel zu sehen. Man läuft über Waldwege und Brücken, steigt auf Hügel und genießt die großartige Aussicht oder fährt mit dem Boot auf dem Fluss Gamanil und erkundet die allseits belebte Natur vom Wasser aus. Das Wegesystem ist dabei so klug durchdacht, die

Bahn

- Leipzig Hbf
- ICE zwischen 7.30 und 20.30 Uhr fast stündlich von Berlin Hbf (ab 72 Min.) und 12 Min. Fußweg

Auto

- 188 km, ca. 120 Min.

Nicht verpassen

- Apr.–Okt. monatl. Afrikafest *Hakuna Matata* (Essen, Show und Livemusik) in der *Kiwara-Lodge*
- Mai–Okt. monatl. *Festa do Brasil:* abendliche Zootour (90 Min.), Cocktails, Show, Buffet in der *Hacienda Las Casas*
- Tgl. zwischen 11 und 15.30 Uhr öffentliche Fütterungen

Schimpansen wie diesen kann man im *Pongoland* entdecken

Auf der Lauer: Komodowaran im *Gondwanaland*

Landschaften so gekonnt in Szene gesetzt, dass man schnell vergisst, in einer Halle von gut zwei Fußballfeldern Größe unterwegs zu sein.

Umhüllt von Folienkissen, ökologisch nachhaltig beheizt, belüftet und bewässert, ist die 35 Meter hohe Halle Heimat vieler Tiere aus Asien und Australien, Südamerika und Afrika. Neben zahlreichen Vogel- und Affenarten gehören dazu auch Tapire und Ozelote, Faultiere und Riesenotter, Zwergflusspferde, Grüne Leguane und Komodowarane. Die Gehege sind den echten Lebensräumen nachempfunden und gehen harmonisch ineinander über. Einige der tierischen Bewohner, die sich frei bewegen dürfen, lassen sich aus unmittelbarer Nähe beobachten.

Verstecke finden sie genügend. Denn wie im echten Dschungel wuchern Gewächse zu Zigtausenden in mehreren Etagen. Von Bodendeckern, Kräutern, Blumen, Sumpf- und Wasserpflanzen über Büsche, Bambushaine bis hin zu hohen Bäumen reicht Floras Artenliste in *Gondwanaland.* Die Kollektion der wilden Spezies wird ergänzt durch Nutzvegetation: exotische Gewürze, Obst, Gemüse. Inzwischen gut gewachsen und vermehrt, stammen die meisten Pflanzen ursprünglich aus Baum-

Die riesige Tropenhalle *Gondwanaland* lässt sich auch mit dem Boot erkunden

schulen und Gärtnereien Thailands, Singapurs, Malaysias und Floridas.

Mit *Gondwanaland* als Highlight zählt der Zoo Leipzig zu den populärsten Attraktionen der sächsischen Metropole. Der moderne Tiergarten am Rand des Stadtzentrums, der 1878 als Exotenschau eines Ausflugslokals seinen Anfang nahm, verwandelt sich seit der Jahrtausendwende zu einem „Zoo der Zukunft“. Viele enge Gehege der Vergangenheit wichen tierfreundlicheren Erlebnislandschaften wie einer afrikanischen Savanne, der Tiger-Taiga oder *Pongoland*, dem weitläufigen Menschenaffendomizil. | *Carsten Heinke*

Zoo Leipzig

Pfaffendorfer Str. 29 |
04105 Leipzig |
www.zoo-leipzig.de

Kiwara-Lodge

Das von Afrika und dessen Küche inspirierte Restaurant befindet sich direkt neben der afrikanischen Savanne im Zoo Leipzig. Man isst und trinkt mit Blick auf Antilopen, Zebras und Giraffen.

Pfaffendorfer Straße 29 |
04105 Leipzig |
Tel. (03 41) 593 34 95 |
www.marche-movenpick.de

50

Ludwigslust

Barockes Meisterwerk – das „Versailles des Nordens"

Der Vergleich mit Versailles, den Schloss Ludwigslust gern anführt, ist vielleicht ein bisschen weit hergeholt. Doch das Ensemble muss sich wahrlich nicht verstecken: Die mecklenburgischen Herzöge schufen im 18. Jahrhundert mit dem spätbarocken Schloss und dem weitläufigen Landschaftspark ein beeindruckendes Gesamtkunstwerk.

Das Schlossmuseum präsentiert in frisch renovierten Räumen unter anderem historische Möbel, Jagd- und Prunkwaffen, ein Miniaturenkabinett sowie eine Gemäldegalerie. Hauptattraktion des Schlosses ist der Goldene Saal mit seinen mächtigen Säulen, den Kronleuchtern und üppig vergoldeten Dekorationen. Doch nur wenig davon ist echt: Das Budget war knapp, deshalb wurde überwiegend auf Stuck und Stein verzichtet, die Dekos sind aus Pappmaché – ein kleiner Unterschied zum originalen Versailles.

Die Kaskaden am Schlossplatz sind Teil des technischen Meisterwerks zur Wasserversorgung des Schlossparks ohne Gefälle und Pumpen. Vor allem aber der von Gartenbaumeister Peter Joseph Lenné geprägte Schlosspark selbst, der größte Landschaftspark Mecklenburgs, lohnt den Besuch. Seltene Gewächse wie Mammutbäume und Sumpfzypressen entfalten ihre exotische Pracht, überall macht man kleine Entdeckungen wie den chinesischen Teepavillon, Brücken, Mausoleen, eine künstlich angelegte Grotte oder die 24 Wassersprünge. Westlich schließt sich die „Wildnis" mit wuchernden uralten Bäumen an.

| *Bernhard Mogge*

Bahn

- Bahnhof Ludwigslust
- IC/EC mehrmals täglich (ab Berlin Hbf ab 99 Min.)
- RE alle 2 Std. (ab Berlin Hbf ca. 120 Min.)

Auto

- 181 km, ca. 120 Min.

Nicht verpassen

- Das *Natureum* im Schlosspark besuchen
- Die tempelartige Stadtkirche besichtigen
- Durch die barocke Innenstadt bummeln
- Ein Schlosskonzert anhören

Das Museum im Schloss zeigt höfische Wohnkultur

Im Schlosspark gibt es 24 Wassersprünge

51 Lutherstadt Wittenberg

Bei Familie Luther zu Besuch

Es riecht nach altem Holz und Mauerwerk, vor allem aber nach Geschichte. Bis auf einen hohen, urtümlichen Kachelofen, einen hochbetagten Tisch und ebensolche Bänke scheint der Raum mit seinen hübschen Butzenfenstern und der bemalten Wandvertäfelung zunächst ganz leer zu sein. Doch in Wirklichkeit ist er gefüllt bis an die prächtige Kassettendecke – mit Erinnerungen an Gespräche und Begegnungen, an Gedanken, die die Welt veränderten.

Die Lutherstube ist das Herz des Wittenberger Lutherhauses, für 35 Jahre Wohn- und Arbeitsplatz des Augustinermönchs und Theologen Martin Luther. Hier schrieb der Reformator viele seiner Werke. Hier traf er Gäste, diskutierte, stritt und feierte mit ihnen. Hier fand auch das ganz normale Leben der Familie Luther statt.

Heute weltweit wichtigstes Museum für Reformationsgeschichte, wurde das Lutherhaus 1504/07 für Augustiner-Eremiten errichtet. Von 1508 bis zur Auflösung des Klosters lebte Mönch Martin Luther hier mit seinesgleichen, später ganz allein. Nach der Heirat mit Katharina von Bora (1525) und der Geburt ihrer Kinder wurde es Familiensitz und blieb es bis zu Luthers Tod 1546.

Begraben ist er in der Schlosskirche. Ob Luther seine 95 Thesen gegen den Ablasshandel tatsächlich am 31. Oktober 1517 an deren Hauptportal nagelte, ist umstritten. Fest steht, dass er sie an diesem Tag veröffentlichte und damit die Erneuerung der Kirche in die Wege leitete. Die „Thesentür“ erinnert daran. Das 1760 bei einem Brand zerstörte Original wurde 1858 ersetzt.

| *Carsten Heinke*

Bahn

- Lutherstadt Wittenberg Hbf
- Täglich fast 30 Zugverbindungen von Berlin Hbf (ab 39 Min.)

Auto

- 98 km, ca. 90 Min.

Nicht verpassen

- Die Stadt- und Pfarrkirche St. Marien besuchen
- Eine Kinderführung im Melanchthonhaus erleben
- Die Cranach-Höfe anschauen

Im Lutherhaus wohnte Luther zunächst zusammen mit Mönchen, später mit seiner Familie

Auf dem Marktplatz stehen die Denkmäler Martin Luthers und Philipp Melanchthons

52

Neustrelitz

Ein fürstliches Erbe

Als 1773 eine bis dahin unbekannte, exotische Pflanze aus dem südlichen Afrika nach London gelangte, wurde sie zu Ehren der Königin *Strelitzia reginae* genannt. Denn die damalige Königin Charlotte von Großbritannien war 1744 als Prinzessin Sophie Charlotte von Mecklenburg-Strelitz in Mirow geboren worden. Eine dieser kostbaren Stauden schenkte die Königin ihrer Familie in der Heimat, in der fürstlichen Orangerie am Schlossgarten von Neustrelitz blühte sie erstmals in Deutschland.

Bis heute besticht die ehemalige Residenzstadt des Großherzogtums Mecklenburg-Strelitz, die als eine der letzten barocken Stadtgründungen Europas gilt, durch architektonische Eleganz. Wie damals üblich, wurde die gesamte Stadt möglichst symmetrisch angelegt. Dies beginnt am zentralen Marktplatz, von dem acht Straßen sternförmig in die Haupt- und Nebenhimmelsrichtungen abgehen und setzt sich bis zum Schlosspark fort. Das Residenzschloss gibt es leider nicht mehr, der Bau wurde 1949 gesprengt und in den Folgejahren komplett abgetragen.

Doch vom Neustrelitzer Residenzviertel ist einiges erhalten geblieben. Die Schlosskirche, ein Backsteinbau mit vielen neugotischen Verzierungen, das klassizistische Kavaliershaus im ehemaligen Schlosshof, das Carolinenpalais im Tudorstil sowie die Orangerie im Schlossgarten, einst Winterquartier für die tropischen Pflanzen.

| *Christian Nowak*

Bahn

- Neustrelitz Hbf
- RE stündlich (ab Berlin Hbf 76 Min.)

Auto

- 110 km, ca. 105 Min.

Nicht verpassen

- Den Turm der Stadtkirche erklimmen
- Das Wasserspiel auf dem Marktplatz bewundern
- Im Schlosspark flanieren und den Kunstsinn des damaligen Adels bewundern
- Im Slawendorf sehen, wie die ersten Siedler gelebt haben

Die Stadtkirche steht am Marktplatz

53 Salzwedel

Wie ein Gebäck die Stadt berühmt machte

Friedrich Wilhelm IV. hatte es gemundet! Bei einem Besuch in Salzwedel 1841 kostete der Preußenkönig vom Baumkuchen. Dieses royale Geschmackserlebnis war die Initialzündung für Lieferungen des Gebäcks an Fürsten- und Königshäuser. Eine Marke war geboren. Und davon profitiert die „Baumkuchenstadt“ Salzwedel noch heute. Ohne wie einst Friedrich Wilhelm Baumkuchen zu probieren, kann man die Stadt nicht wirklich kennenlernen. Möglichkeiten dazu gibt es beim Bummel durch die Kopfsteinpflastergassen der Altstadt: In einigen Konditoreien kann man die Köstlichkeit nicht nur genießen, sondern auch bei der Herstellung zusehen.

Doch auch die Hanse spielt noch eine Rolle. Länger als 250 Jahre gehörte Salzwedel dem mittelalterlichen Städtebund an. 2008 war die Stadt Ausrichter des Internationalen Hansetages. Statt Handel mit Tuchen und anderen Waren ist heute vor allem die Förderung des Tourismus Ziel des neubelebten Städtebundes.

Die Hanse prägte lange das Bild der alten Handelsstadt an der Jeetze mit ihren mehr als 600 Fachwerkhäusern und den typischen Gebäuden in Backsteingotik. Der mächtige Bergfried der einstigen Burganlage, die Katharinenkirche mit ihrem bemerkenswerten Einhornaltar und die gotische Marienkirche beeindrucken beim Gang durch die Stadt – die sich erst 1713, nach fast 500 Jahren, aus zwei nebeneinander existierenden Städten zum heutigen Salzwedel zusammenschloss. | *Bernhard Mogge*

Bahn

- Bahnhof Salzwedel
- IRE mehrmals täglich ab Berlin Hbf (Fahrzeit 92 Min.)

Auto

- 198 km, ca. 180 Min.

Nicht verpassen

- Baumkuchen probieren in einer der Altstadt-Konditoreien
- Die „Salzwedeler Madonna" im Danneil-Museum bewundern
- Die Rundlingsdörfer im nahen Wendland besichtigen

Flussidylle mit Blick auf die Mönchskirche

54 Waren (Müritz)

Das Tor zum Nationalpark

Die Slawen nannten den See, an dem sie siedelten, „Morcze", kleines Meer, woraus sich der heutige Name Müritz abgeleitet hat. Am Ostufer der Müritz erstreckt sich über weite Teile der urwüchsige Müritz-Nationalpark, das Westufer wird von Wiesen, Wäldern und Feldern dominiert. Am Nordufer liegt die terrassenförmig angelegte, über 700 Jahre alte Stadt Waren. Gegründet wurde sie um den Alten Markt, den bis heute noch historische Häuser säumen.

Das touristische Zentrum mit Geschäften, Kneipen und Restaurants erstreckt sich rund um den Stadthafen, von dem auch die Ausflugsboote zu Fahrten auf der Müritz starten. Aber auch am Neuen Markt mit seinen Fachwerkhäusern, der Löwenapotheke und dem neuen Rathaus im Stil der Tudorgotik ist immer viel los. Nur wenige Schritte vom Neuen Markt erhebt sich an der höchsten Stelle der Stadt die Marienkirche. Das Backsteingebäude entstand auf den Resten der Warener Burg der Herren zu Werle.

Der Müritz-Nationalpark vor den Toren der Stadt gilt als eines der bedeutendsten Vogelschutzgebiete Europas, in dem See- und Fischadler ihre Kreise ziehen und alljährlich Zehntausende von Herbstgästen – allen voran Kraniche, Gänse und Enten – rasten. Touristisch ist der Nationalpark gut mit Wander- und Fahrradwegen, Rastplätzen, Aussichtstürmen und Beobachtungsständen erschlossen und leicht von Waren aus zu erreichen. Ein großartiges Paradies für naturnahe Aktivitäten. | *Christian Nowak*

Bahn

- Bahnhof Waren (Müritz)
- RE und Bus stündlich (ab Berlin Hbf mind. 96 Min., meist länger)

Auto

- 163 km, ca. 120 Min.

Nicht verpassen

- Den Neuen Markt mit der Löwenapotheke anschauen
- Am Alten Markt ins mittelalterliche Waren eintauchen
- Im Erlebniszentrum *Müritzeum* die Natur verstehen lernen
- Den Nationalpark zu Fuß, mit dem Rad oder auf dem Wasser erleben

Weite Wälder und Seen prägen den Müritz-Nationalpark

Der quirlige Stadthafen ist ein Treffpunkt für Freizeitkapitäne

55 Wolfsburg

Eine Stadt fürs Auto

Unzählige Male schon mit dem Zug vorbeigefahren an dieser imposanten Kulisse. Heute steigen wir mal in Wolfsburg aus, der Heimatstadt des Volkswagenkonzerns. Der hat dieser Stadt nicht nur den Stempel aufgedrückt – ohne „das Werk" gäbe es Wolfsburg gar nicht. Noch vor 100 Jahren erstreckten sich hier nur Kartoffel- und Rübenäcker, bis die Nazis an die Macht kamen und die „Stadt des KdF-Wagens" auf dem Reißbrett planen ließen. Erschwingliche Autos für jedermann sollten hier gefertigt werden. Doch zunächst zog Deutschland in den Krieg.

Nach 1945 startete die Stadt neu, gab sich einen neuen Namen, nach einer nahegelegenen Wasserburg, und bald schon rollten im Werk die Autos vom Band, die Nachkriegsdeutschland mobilisierten – der Käfer, der Bulli, später dann Polo, Golf und Passat.

Längst baut VW seine Autos in aller Welt, aber nur hier, am Stammwerk, gibt es die Autostadt, einen Themen- und Erlebnispark, in dem sich alles um die Geschichte des Automobils und um die Zukunft der Mobilität dreht. In den Pavillons gehen wir auf Entdeckungsreise, erleben – virtuell – die Rennstrecke von Le Mans, wo in den 1920er- und 1930er-Jahren der Ruhm der Motorsportlegende Bentley begann. Auch diese Marke ist längst eine Tochter des Konzerns. Auf dem Außengelände probieren wir Elektrofahrzeuge aus und testen die technischen Möglichkeiten von Offroadmodellen im Parcours-Gelände. So, jetzt ist aber Schluss mit dem Autofahren. Zur Entspannung steigen wir am nahegelegenen Mittellandkanal in ein Ausflugsschiff und lassen uns zurückgelehnt um Werkshallen und Autostadt schippern. | *Susanne Kilimann*

Bahn

- Wolfsburg Hbf
- ICE oder IC bis Wolfsburg Hbf (ab Berlin Hbf ca. 65 Min.)

Auto

- 225 km, ca. 140 Min.

Nicht verpassen

- In die riesige Experimentierwelt *phaeno* eintauchen *www.phaeno.de*
- Im Kunstmuseum die hochkarätige Sammlung zeitgenössischer internationaler Werke ansehen
- Das Alvar-Aalto-Kulturhaus besichtigen

Die Parklandschaft der Autostadt mit ihrem Wahrzeichen, den beiden Autotürmen

Auf der *Ausfahrt* können Besucher neueste Fahrzeugtechnologien kennenlernen

A

B

C

D

E

F

G

H

I

J

K

L

M

N

O

P

R

S

T

U

W

Z

Liebe Leserinnen und Leser,

alle Angaben in diesem Reiseführer sind gewissenhaft geprüft. Trotz gründlicher Recherche unserer Autorinnen und Autoren können sich manchmal Fehler einschleichen. Wir bitten um Verständnis, dass der Verlag dafür keine Haftung übernehmen kann. Über Hinweise, Berichtigungen und Ergänzungsvorschläge freuen wir uns jederzeit:

via reise verlag
Lehderstraße 16–19
13086 Berlin
E-mail: post@viareise.de
www.viareise.de

ISBN 978-3-945983-87-4

Herausgeber
Klaus Scheddel

Text & Recherche
Klaus Scheddel, außer den im Buch namentlich gekennzeichneten Texten von Carsten Heinke, Rasso Knoller, Susanne Kilimann, Bernhard Mogge, Christian Nowak

Redaktion
Janna Menke

Layout & Gestaltung
Katharina Arlt

Cover-Gestaltung
Nino Arndt

Umschlagkarte vorn
Carlos Borrell

Druck
Druckhaus Sportflieger, Berlin

MIX
Papier aus verantwortungsvollen Quellen
FSC www.fsc.org
FSC® C104586

Fotos
Klaus Scheddel, außer:
Alice Radlmaier 9; Andreas Hermsdorf/PIXELIO 27 o.; ArTo/stock.adobe.com 49, 93 u., 99, 137; Bernd Siegmund 55 o.+u.; BTOIPS/PIXELIO 99; Carsten Heinke 125 o., 127 o.+u., 128–129, 133 o.; Dolores Kummer 139 o.; DreiH/PIXELIO 125 u.; dth48/stock.adobe.com 94–95; ebenart/stock.adobe.com 6–7, 51 o.; Felix Brönimann/Pixabay 109 o.; Franz Gerhard/stock.adobe.com 36–37; Gemeinfrei 33 u., 47 u., 62–63, 73 u., 105, 111, 117 o.+u., 121 u.; ginton/stock.adobe.com 109 u.; Gundula Vogel/Pixabay 107 u.; Heike Jestram/stock.adobe.com 97 u.; Henry Czauderna/stock.adobe.com 91 o.+u.; holger.l.berlin/stock.adobe.com 97 o.; Horst Schröder/PIXELIO 101 o.+u.; Janina Johannsen 25 o.+u., 47 o.; Klaus Heidemann/stock.adobe.com 93 o.; Kristina Becker 19 o.+u., 89 u.; meseberg/stock.adobe.com 87; Michael Wittstock/PIXELIO 89 o.; mije_shots/Shutterstock.com 131 o.; Naturparkverein Fläming e.V./Five Cubes by Karl Menzen/CC-BY-3.0/bearb. 65 o.; Nils Hendrik Müller 141 o.+u.; Oliver Gerhard 83 o.+u., 131 u.; Paul!!!/Schloss Caputh/ CC BY-ND 2.0/Flickr.com 13 u.; Pavla Nejezchleba 27 u.; Peter Probst/Shutterstock.com 33 o.; Sina Ettmer/stock.adobe.com 13 o., 59, 80–81, 112–113, 122–123, 133 u.; Spuno/stock.adobe.com 85; Stadtmarketing Bad Wilsnack 67 o.+u.; Stockfotos-MG/stock.adobe.com 118–119; travelview/stock.adobe.com 121 o.; Ulrike Wiebrecht, 65 u.; Waren (Müritz) Kur- und Tourismus GmbH 139 u.; www.sebfoto.de/stock.adobe.com 115